ACCESO GRATIS a la Lectura en la Nube

Para visualizar el libro electrónico en la nube de lectura envíe junto a su nombre y apellidos una fotografía del código de barras situado en la contraportada del libro y otra del ticket de compra a la dirección:

ebooktirant@tirant.com

En un máximo de 72 horas laborables le enviaremos el código de acceso con sus instrucciones.

AF276024

La visualización del libro en **NUBE DE LECTURA** excluye los usos bibliotecarios y públicos que puedan poner el archivo electrónico a disposición de una comunidad de lectores. Se permite tan solo un uso individual y privado.

Las situaciones de aprendizaje en formación profesional en la especialidad de intervención socio-comunitaria: por qué, cómo y ejemplos listos para aplicar con resultados de investigación sobre su implementación

Miguel Ángel Jiménez Rodríguez
Joana Calero Plaza
Mónica Montaño Merchán

Las situaciones de aprendizaje en formación profesional en la especialidad de intervención socio-comunitaria

tirant humanidades
Valencia, 2025

Copyright ® 2025

Todos los derechos reservados. Ni la totalidad ni parte de este libro puede reproducirse o transmitirse por ningún procedimiento electrónico o mecánico, incluyendo fotocopia, grabación magnética, o cualquier almacenamiento de información y sistema de recuperación sin permiso escrito de los autores y del editor.

En caso de erratas y actualizaciones, la Editorial Tirant Humanidades publicará la pertinente corrección en la página web www.tirant.com.

Director de la colección:
Juan Manuel Fernández Soria

© Miguel Ángel Jiménez Rodríguez
Joana Calero Plaza
Mónica Montaño Merchán

© TIRANT HUMANIDADES
EDITA: TIRANT HUMANIDADES
C/ Artes Gráficas, 14 - 46010 - Valencia
TELFS.: 96/361 00 48 - 50
FAX: 96/369 41 51
Email:tlb@tirant.com
www.tirant.com
Librería virtual: www.tirant.es
ISBN: 978-84-1081-414-1
MAQUETA: Tirant lo Blanch
Deposito legal: V-3651-2025

Si tiene alguna queja o sugerencia, envíenos un mail a: atencioncliente@tirant.com. En caso de no ser atendida su sugerencia, por favor, lea en *www.tirant.net/index.php/empresa/ politicas-de-empresa* nuestro Procedimiento de quejas.

Responsabilidad Social Corporativa: *http://www.tirant.net/Docs/RSCTirant.pdf*

Índice

CAPÍTULO 1
Presentación de la estructura y contenidos de la guía

Esta guía para la elaboración de situaciones de aprendizaje forma parte de una colección por especialidades en la Ed. Secundaria y el Bachillerato, así como algunas familias de la Formación Profesional. En ellas se ha querido ofrecer una propuesta diferente. No se ha buscado sólo facilitar al profesorado "situaciones de aprendizaje tipo", como las que podemos encontrar en las páginas de la Administración, en una búsqueda en la red, o incluso pidiendo a la IA que las elabore, sino que se busca una comprensión, lo más profunda posible del sentido de las situaciones de aprendizaje y de la lógica y coherencia interna de su diseño.

Este libro tiene tres partes bien diferenciadas: la primera incide en la teoría que sustenta y los procedimientos que hacen posible el diseño de situaciones de aprendizaje bien alineadas. La segunda propondrá, sobre dos ejemplos concretos, sendos modelos de diseño de situaciones de aprendizaje. Y la tercera parte ofrecerá resultados de investigación sobre la aplicación de una de estas situaciones. Una vez vista la estructura, anticipamos qué podremos encontrar en cada uno de estos bloques.

La primera parte de este trabajo comienza con una breve fundamentación teórica que servirá de base para el desarrollo de las situaciones de aprendizaje. Los pilares de dicha fundamentación son el paradigma de la enseñanza centrada en el aprendizaje de Barr y Tagg (1999), el alineamiento constructivo de Biggs (2005) y el aprendizaje visible de Hattie y Zierer (2017), proponiendo desde ahí un modelo de diseño curricular lo más coherente posible. La intención es formativa por lo que la presentación de estos principios teóricos irá precedida por la justificación de la incidencia que los aprendizajes que se pretenden conectan con las competencias propias del profesorado establecidas en la Orden ECI/3858/2007 que regula la formación inicial del profesorado de Secundaria, Bachillerato, Formación Profesional y Enseñanza de Idiomas que está en vigor.

En segundo lugar, se construirá un mapa de ideas clave para situarse de forma organizada en el territorio conceptual —la arquitectura pedagógica— planteada por la LOMLOE. En este punto, al que dedicaremos un capítulo, se explicará el sentido de cada uno de los términos fundamentales que se emplean y la articulación de estos.

Seguidamente se darán algunas pautas para realizar el desarrollo de la programación curricular colectiva, la denominada Propuesta pedagógica del centro, que es responsabilidad de los departamentos.

A continuación, nos centraremos en las situaciones de aprendizaje, como concreción curricular que decanta toda esta estructura y la concreta para ser ofrecida como medio de aprendizaje para el alumnado.

El desarrollo de la segunda parte del libro será la presentación del diseño de dos situaciones de aprendizaje para diferentes cursos dentro de la especialidad de Secundaria y Bachillerato o familia profesional en el caso de la FP. En ellas, lo más relevante será poner de manifiesto el discurso mental que los autores han llevado a cabo para realizar la propuesta. No importa tanto tener modelos hechos, sino entrenar cognitivamente a los destinatarios de esta guía —que son los propios profesores del Máster de Secundaria, el alumnado, los opositores y los profesores en ejercicio para su formación continua— para que puedan comprender la lógica del discurso mental que les permita tomar buenas decisiones curriculares aplicando, lo mejor posible, las premisas de los paradigmas y planteamientos teóricos a los que se ha aludido anteriormente.

En la tercera parte, se ofrecerán resultados de investigación, evidencias, de la aplicación en el aula de una de las dos situaciones presentes en la guía donde podremos comentar puntos fuertes y débiles del diseño y las repercusiones que este planteamiento curricular tiene, en sus fases iniciales al menos, en el alumnado y su aprendizaje.

Los autores de este proyecto son en su práctica totalidad profesores del módulo específico del Máster Universitario en Formación del Profesorado de Secundaria, Formación Profesional y Enseñanza de Idiomas de la Universidad Católica de Valencia que han formado equipos por especialidades. En todos los equipos participa al menos un profesor de Secundaria, Bachillerato o Formación Profesional, según los casos, que puede ser al mismo tiempo profesor del Máster o no. Todos los equipos en su conjunto y cada uno de ellos se han coordinado y formado juntos siguiendo pautas comunes para la elaboración de esta guía, y el conjunto de guías por especialidades, que constituyen el proyecto.

CAPÍTULO 2
Justificación y principios teóricos de la obra

A diferencia de otras disciplinas, donde la teoría y la investigación son los pilares esenciales de la práctica, en educación parece que no fuera así. No hay argumento más demoledor para una propuesta de acción distinta a lo común, que tacharla de ser "muy teórica".

Lo mismo sucede cuando se alude a evidencias de "investigación educativa", que no suelen ser la lectura de cabecera de los docentes, y de las cuales parece que no se tenga excesiva confianza. En este sentido Murillo y Martínez-Garrido (2020) publicaron con el título "¿Para qué sirven las revistas de investigación educativa?" una reflexión muy interesante donde revisan por dónde va la investigación educativa, para qué se hace y las conexiones, o la desconexión, que esta tiene con la práctica y los prácticos. Las conclusiones no son muy esperanzadoras: según los autores se investiga más para publicar que para mejorar la realidad educativa y los profesores desconfían de dicha investigación educativa, en el caso de que alguna vez hayan tenido contacto con ella.

Esta obra pretende romper esta dicotomía que tanto daño hace al avance de la Educación en general. Vamos a poner sobre la mesa una serie de principios teóricos, que alineen bien las ideas, y, sobre ellas, vamos a construir coherentemente situaciones de aprendizaje.

Estás situaciones se construirán paso a paso, evidenciando la lógica de pensamiento que contribuya a la elección adecuada y el diseño preciso de cada elemento curricular. Pretendemos, en este libro y en los que forman la colección por especialidades, modelar y modelizar un discurso mental que lleve a la coherencia interna según un paradigma de enseñanza centrada en el aprendizaje.

Aunque ofreceremos una plantilla de programación, la intención es liberar — empoderar, podríamos decir— a los docentes de cualquier plantilla, que las puedan emplear todas o generar otras propias, estén en la etapa profesional que estén, desde la formación inicial hasta aquellos que lleven una larga trayectoria. Y este objetivo se logrará si conseguimos apoyar una comprensión profunda del diseño curricular. El propósito de esta obra no es que se aprenda a rellenar los huecos de todos los elementos preceptivos de las situaciones de aprendizaje, con elementos más o menos ocurrentes o "de moda pedagógica" sino capacitar para decidir con fundamento y deducir qué elementos son en cada momento los mejores posibles, en función de los resultados de aprendizaje que se pretendan y del análisis de todas las variables del contexto. Este análisis lo es del alumnado, del centro y su entorno, de los medios con los que se cuenta, el tiempo del que se dispone... pero también del universo de creencias del docente que es el que determinará su práctica.

Siguiendo a Kurt Lewin, estamos convencidos de que no encontraremos nada que transforme la realidad y potencie la innovación como una buena teoría. Los cambios en educación son lentos, costosos y es difícil que se consoliden porque no suelen abordarse desde el cambio de mentalidad sino desde el cambio de las prácticas que no arrastra de forma coherente el resto de los elementos del sistema. Este atajo suele terminar haciendo un recorrido de vuelta atrás. Coexisten ideas y prácticas que, a menudo, pertenecen a paradigmas diferentes, e incluso contradictorios, lo que genera al final incoherencias que ninguna otra disciplina científica o profesional daría por válidas. Pongamos por ejemplo la introducción de metodologías activas que se han venido dando en los últimos años sin que esto haya tenido consecuencias notables en los modelos de evaluación. O afirmar que se están desarrollando competencias cuando lo único que se desarrolla y se evalúa de forma sistemática son los contenidos... En el fondo, a los cambios e innovaciones en educación suele faltarles la reflexión del porqué se hacen las cosas y cómo lo que se introduce modifica al resto, incluida la estructura y los espacios, si es preciso. La innovación en muchas ocasiones se superpone al trabajo que ya se realizaba y que, sobre todo, las creencias más implícitas y comúnmente aceptadas, impiden modificar porque dan "respuestas seguras"— o más bien consolidas de lo que deben ser las cosas— lo que convierte a la propia innovación en sobrecarga. A veces, la dificultad es externa. En Bachillerato fundamentalmente se pone de manifiesto la contradicción entre un currículo competencial prescriptivo y unas pruebas de acceso a la universidad "que no son tan competenciales", aunque la última reforma camina en esta dirección, y que terminan convirtiendo a esta etapa en propedéutica para la prueba, que se resiste a ser modificada de forma coherente con los postulados de las propias leyes orgánicas de Educación e incluso con el EEES que debiera regir los estudios universitarios.

Otra dificultad para los cambios sistémicos es la falta de rigor al evidenciar los resultados de dichos cambios. Se promulgan leyes que pretenden modificar la realidad sin investigar sobre el resultado de las modificaciones previas.

También es un escollo, que no encontramos en otras áreas del conocimiento, la falta de consenso fundamentado lo que genera una gran diversidad de sistemas de trabajo, incluso en un mismo centro — cada maestrillo tiene su librillo— que manifiesta que no existe una base científico-pedagógica común —o no común— y, si se tiene, no suele ser comparable a la seguridad que ofrece la formación científico-disciplinar que el profesorado ha adquirido de su materia en su carrera, lo que les lleva a encontrar refugio en ella y a considerar "extraños", "subjetivos" y "poco académicos" los aprendizajes que no sean aprendizajes conceptuales de los que la LOMLOE esta cuajada, y que están en el currículo prescriptivo desde la LOE de 2006, que, no olvidemos, la LOMLOE modifica. Por eso, aunque estos aprendizajes más competenciales estén en el currículo prescriptivo y son el referente de los criterios de evaluación oficiales, ni se enseñan ni se evalúan sistemáticamente. Si a esto le añadimos la dificultad de que en los centros exista un liderazgo pedagógico claro que procure la formación necesaria unida a la implementación efectiva y sostenida de líneas pedagógicas estratégicas, encontramos que la implantación de los cambios profundos en educación no termine de despegar.

La práctica es esencial, porque nadie sabe lo que no hace. Pero la práctica es también buena reproductora de sí misma. La cantidad de práctica educativa mejora los procesos, los automatiza y consolida, pero no los puede transformar, porque para actuar en dicha práctica de forma distinta ha de haber antes una idea diferente de lo que es la Educación. Un cambio paradigmático. La innovación está en el mundo de las ideas, de la teoría. Por eso, si se propone un cambio en las prácticas educativas y no ha existido antes la formación teórica suficiente, la del mundo de las ideas, esa que a veces se denota en nuestro campo, en parte porque no produce frutos inmediatos y a los profesores nos gusta la eficacia, en parte porque la formación del profesorado no termina de capacitar para conectar con la teoría pedagógica que sustenta la innovación, no hay posibilidad de avance colectivo. La práctica, por sí misma, no es la solución. Nuestro sistema necesita de una sólida teoría que sea capaz de cambiar nuestras creencias, que siempre están presentes y que hemos de vigilar para no volver al camino transitado. Unas nuevas creencias que puedan responder a todas las preguntas clave: por qué, para qué, cómo, cuándo, ... generar y acompañar el aprendizaje y evaluarlo.

Sin la teoría no hay posibilidad de cambiar una profesión basada en la práctica y la experiencia, tan rica como limitada, de cada profesional que tiene, a su vez, como referente esa misma propia experiencia vivida, muchas veces como alumno, o como profesor que ha ido construyendo, con *sangre sudor y lágrimas*, su concepción de lo que es ser *un buen profesor*. Este imaginario es el que preside los miles de decisiones que los docentes tomamos cada día. Marcelo (2009).

Lejos de pretender ofrecer "modelos listos para ser consumidos", esta obra presenta, en un formato corto por especialidades, solo un par de situaciones de aprendizaje que pretenden ser, ante todo, un par de *guías de pensamiento para la creación*. Esta es nuestra pequeña aportación diferencial, como decíamos más arriba, a lo que puede hacer ya la IA, una búsqueda de situaciones de aprendizaje ya elaboradas en Internet o las que brindan las editoriales. No se trata, por tanto, de tener las "programaciones hechas" sino de capacitarnos para una creación única, original, adaptada y sobre todo coherente, bien fundamentada y propia. Igual que es difícil estudiar con apuntes ajenos, es difícil implementar diseños curriculares ajenos. Porque cuando se diseña se anticipa, se imagina, se integra y prevé la realidad con su contexto, con lo que puede servir o no en mi aula, con mis alumnos y con lo que yo como docente me siento seguro de llevar a cabo. Por supuesto esto no quiere decir que no empleemos todas las herramientas y modelos que podamos tener a nuestra disposición —incluidas la IA— pero no es lo mismo tener las programaciones hechas para ser entregadas como instrumento burocrático que tener un plan personal de acción, para mí y mis alumnos, con mis compañeros concretos, en mi centro y con las familias o tutores, de mi alumnado.

El objetivo es guiar el proceso de pensamiento y sistematizar cómo los alumnos deben aprender en un formato coherente con un paradigma teórico competencial. Este nos remite irremediablemente a la combinación dinámica de conceptos, procedimientos y actitudes, que se ponen en acción para resolver problemas de forma adecuada, experta, en un contexto, en una situación determinada. De ahí que las "situaciones de aprendizaje" sean una forma conceptualmente idónea de organizar el aprendizaje en este paradigma competencial en el que queremos estar.

Sin perder tiempo en asentar la teoría, sin invertir en formación, el cambio legislativo se doméstica y pasa a ser nominativo. La cuestión no puede ser "Antes a esto le llamaban x y ahora dicen que hay que llamarle y". No hacen más que cambiar el nombre a las cosas". Llevamos décadas con el *gatopardismo* perfecto. Cambiamos todo para que nada cambie.

Por supuesto, la responsabilidad no es del profesorado que se defiende de los agotadores cambios ideológico-legislativos y la burocracia asfixiante que solo exige sin dar nada a cambio. Pero, al mismo tiempo, este modo de proceder hace inviables las propuestas porque no se prevé ni se invierte en el cómo. Sírvanos de ejemplo el elemento nuclear de la educación por competencias que ya hemos comentado. Está presente en todas las etapas educativas hace más de 25 años y sigue sin ser una realidad. Las causas son múltiples, están descritas en numerosas investigaciones, como por ejemplo el trabajo de Contreras, González Martí y Gil (2019) que publicaban un artículo con el título "La dificultad de la implementación de una enseñanza por competencias en España" y que no podemos comentar por motivos de espacio.

Sin embargo, el propósito de este libro sí entronca con esta línea de contribución a la educación desde la teoría a la práctica. Y se concreta en contribuir a:

A. La mejora de la formación inicial del profesorado de Secundaria, Bachillerato, Formación Profesional y Enseñanza de Idiomas.

B. El cambio en la concepción del diseño curricular en general —y de las situaciones de aprendizaje de forma particular— de forma sistémica y desde el paradigma de la enseñanza centrada en el aprendizaje.

C. Mostrar cómo aplicar de forma consistente los principios teóricos del alineamiento constructivo de Biggs (2005).

D. Aportando evidencias de investigación según la propuesta del "aprendizaje visible" de Hattie y Zierer (2017).

A continuación, desarrollaremos cada uno de estos puntos que veremos aplicados en el resto de la obra.

A. La mejora de la formación inicial del profesorado de Secundaria, Bachillerato, Formación Profesional y Enseñanza de Idiomas

La formación inicial del profesorado no parece estar siendo la adecuada para desarrollar un currículo competencial o si se quiere, hace falta una formación inicial alternativa si se pretende que esto sea posible. Existen numerosos artículos que analizan este tema como por ejemplo el de Urkidi et,al.(2020) que lleva por título "El acceso a la formación inicial del profesorado y la mejora de la calidad docente" que analiza el problema de la formación inicial desde el mismo momento de la selección de los candidatos a docentes. Países de referencia en Europa, como sigue siendo Finlandia, por ejemplo, tienen claro que la inversión en educación es vital para la sociedad en su conjunto y, para que esto sea efectivo y eficiente — porque en España que la educación sea importante como idea nadie puede discutirlo — es necesario formar lo mejor posible a los mejores. De este modo consiguen lo que para el sistema finlandés es el mayor logro más allá de los resultados de PISA: que el colegio que tengas más cerca sea el mejor colegio y que todos se parezcan mucho entre sí en calidad y medios. Eso sí, dotándoles de autonomía en la gestión de centro y de aula. Finlandia carece de inspección educativa; la tuvo, investigó sobre la eficiencia en resultados de esta y, a la vista de las evidencias de dicha investigación, la removió para invertir esos recursos en la mejora de la calidad de cada profesor en cada aula. Es verdad que cada contexto necesita sus propias medidas. Pero algunos principios, como son formar a los mejores — y no a un múltiplo elevado de candidatos indiscriminado en relación con las plazas disponibles en el sistema educativo — o basar las decisiones educativas en evidencias de investigación y no en otras como el equilibrio de intereses de los colectivos implicados o en cuestiones ideológicas— parece lógico, y les va bien.

Que para llevar a cabo las propuestas competenciales de la LOMLOE es necesario incidir en la formación inicial y continua del profesorado, así como una reforma de la profesión docente, lo dice la propia ley. La disposición adicional séptima fijó en 2020 el plazo de un año *"para realizar una propuesta normativa que regule, entre otros aspectos, la formación inicial y permanente, el acceso y el desarrollo profesional docente".* En este momento, curso 2024-25, seguimos esperándola. Pero, al igual que la norma puede ayudar, pero no transformar la realidad educativa, tampoco el cambio en la normativa de formación solucionará el problema.

Nos gustaría añadir, al menos, una perspectiva muy interesante y es la que se plantea en la obra de Cordero y Carnicero (2021) que forman parte del observatorio sobre Educación de la Universidad de Barcelona, y cuyo título es revelador: *¿Quién forma a los futuros docentes?* No es posible cambiar el sistema solo modificando el qué; es preciso entrar en el factor humano reflexionando sobre el quién.

Un análisis del perfil del profesorado de las facultades de educación explica, en parte, que sean los contenidos y no las competencias las que en realidad dominen el panorama formativo.

De hecho, la Orden ECI/3858/2007 que regula la formación del profesorado, sirviendo de base común para todos los planes de estudios de máster que las universidades propusieron en su día y que llevan más de quince años impartiendo, establece un perfil de salida de mínimos comunes, definido por medio de una serie de competencias, que no están nada mal. Uno de los problemas más graves que tiene la universidad española para la verdadera entrada en el Espacio Europeo de Educación Superior es que define perfiles de egreso que no evalúa ni verifica en sus egresados y, por lo tanto, ignora si los consigue.

Al igual que en cualquier otro título universitario, cuando un alumno egresa del Máster de Secundaria, la universidad que otorga la titulación debería garantizar que dicho egresado ha adquirido, efectivamente, las competencias que definen este perfil de egreso. Justo como veremos que plantea la LOMLOE en su "nuevo" perfil de salida. Seguramente, si esto operase en la formación inicial resultaría mucho más sencillo que el profesorado imaginara, por experiencia propia, cómo los alumnos de las enseñanzas de Secundaria y Bachillerato —no tanto los de FP pues la estructura curricular es mucho más clara desde el punto de vista competencial— cursan las asignaturas como medio para alcanzar ese perfil de salida. Las asignaturas no podrían ser concebidas como fines en sí mismas, sino como medios para alcanzar las competencias descritas en el perfil, lo que sí ocurre hoy. Las competencias del perfil de egreso del Máster, todavía en vigor, a menudo son desconocidas incluso por los protagonistas, profesorado y alumnado. Nos parece relevante recordarlas. Son, digamos, todavía adecuadas. Actualizarlas estará bien, pero, si el cambio no va más allá, volveremos al 2007 como en "El día de la Marmota".

Como evidencia de que el cambio en los curricula no es suficiente, vamos a trasladarlas aquí para recordar cuáles son, subrayaremos algunas ideas esenciales en ellas y luego comentaremos cómo el diseño de situaciones de aprendizaje, objeto de esta obra, incide de forma directa y, por lo tanto, podemos decir que contribuiremos a mejorar dicha formación inicial. Las competencias/resultados de aprendizaje del Máster son:

1. *Conocer los <u>contenidos curriculares</u> de las materias relativas a la especialización docente correspondiente, así como el <u>cuerpo de conocimientos didácticos</u> en torno a los procesos de enseñanza y aprendizaje respectivos. Para la formación profesional se incluirá el conocimiento de las respectivas profesiones.*

2. *<u>Planificar, desarrollar y evaluar el proceso de enseñanza y aprendizaje</u> potenciando procesos educativos que faciliten la <u>adquisición de las competencias</u> propias de las respectivas enseñanzas, atendiendo al nivel y formación previa de los estudiantes, así como la orientación de los mismos, <u>tanto individualmente como en colaboración con otros docentes y profesionales</u> del centro.*

3. *Buscar, obtener, procesar y comunicar información (oral, impresa, audiovisual, digital o multimedia), <u>transformarla en conocimiento y aplicarla en los procesos de enseñanza y aprendizaje</u> en las materias propias de la especialización cursada.*

4. *<u>Concretar el currículo que se vaya a implantar en un centro docente participando en la planificación colectiva del mismo</u>; desarrollar y aplicar <u>metodologías</u> didácticas tanto grupales como personalizadas, <u>adaptadas a la diversidad</u> de los estudiantes.*

5. *<u>Diseñar y desarrollar espacios de aprendizaje</u> con especial atención a la equidad, la <u>educación emocional y en valores, la igualdad de derechos y oportunidades entre hombres y mujeres, la formación ciudadana y el respeto de los derechos humanos que faciliten la vida en sociedad, la toma de decisiones y la construcción de un futuro sostenible.*

6. *Adquirir estrategias para estimular el esfuerzo del estudiante y promover su capacidad para aprender por sí mismo y con otros, y desarrollar habilidades de pensamiento y de decisión que faciliten la autonomía, la confianza e iniciativa personales.*

7. *Conocer los procesos de interacción y comunicación en el aula, dominar destrezas y habilidades sociales necesarias para fomentar el aprendizaje y la convivencia en el aula, y abordar problemas de disciplina y resolución de conflictos.*

8. *Diseñar y realizar actividades formales y no formales que contribuyan a hacer del centro un lugar de participación y cultura en el entorno donde esté ubicado; desarrollar las funciones de tutoría y de orientación de los estudiantes de manera colaborativa y coordinada; participar en la evaluación, investigación y la innovación de los procesos de enseñanza y aprendizaje.*

9. *Conocer la normativa y organización institucional del sistema educativo y modelos de mejora de la calidad con aplicación a los centros de enseñanza.*

10. *Conocer y analizar las características históricas de la profesión docente, su situación actual, perspectivas e interrelación con la realidad social de cada época.*

11. *Informar y asesorar a las familias acerca del proceso de enseñanza y aprendizaje y sobre la orientación personal, académica y profesional de sus hijos.*

Si, como se pretende para el futuro inmediato del sistema educativo consolidando así el espacio europeo de educación, deberán evaluar y certificar el nivel alcanzado por cada alumno en cada una de estas competencias una de las variables más controlables, que es la formación inicial, ayudaría en la transformación que necesita el sistema. Si esto se diera también en el Máster, ¿qué director no desearía contar en su claustro con profesores con estas "viejas" competencias realmente adquiridas y acreditadas?

De todas ellas, la obra que ahora presentamos incide al menos en las seis primeras, ya que el diseño curricular, plasmado en situaciones de aprendizaje, es un acto de creación en el que confluyen el conocimiento profundo del contenido del currículo — saberes básicos y otros— así como las didácticas específicas de cada especialidad (C1). Por otra parte, trataremos tanto el diseño colectivo del currículo — el difícil paso de la adaptación del currículo oficial al del centro a través de los departamentos y equipos docentes — como la articulación de la programación a través de dichas situaciones de aprendizaje (C2). La adopción del paradigma competencial, centrado en el aprendizaje, exigirá la transformación de la información en conocimiento al poner el acento en los aprendizajes y no en el contenido (C3). Decidiremos, además, qué metodología es la más oportuna en cada caso y lo justificaremos para el desarrollo de todos y cada uno de los alumnos. En esto los principios del diseño universal del aprendizaje (DUA) serán de gran ayuda (C4). La competencia número 5, podemos considerar que anticipa en 2007 las propuestas de la UE con la revisión de las competencias clave de 2018 y los ODS de Naciones Unidas, recogidos como norma en la LOMLOE. Por lo tanto, estarán presentes también en las situaciones de aprendizaje. Por otra parte, esta misma competencia señala como primer elemento el *diseño de espacios de aprendizaje* que están implícitos en la construcción de las situaciones, si es que estas, como debe ser, se preocupan de la generación de experiencias de aprendizaje bien contextualizadas. La propuesta de formación y generación del pensamiento está dentro de la macro-competencia de aprender a aprender Gargallo y López (2021). Y, como no se puede enseñar a pensar sin actividad de pensamiento o sin objeto sobre el cual pensar, tal como se presenta en Jiménez et al. (2020), la elección de la metodología — en las actividades formativas que el alumnado ha de realizar para aprender— potencian o limitan el desarrollo del pensamiento en sus diversas vertientes. La elección de las metodologías por lo tanto debe realizarse desde esta perspectiva. Que una asignatura, cualquiera, potencie o limite el pensamiento crítico, por ejemplo, de un alumno depende de cómo se trabaje en ella y no de la asignatura en sí misma.

B. Al cambio en la concepción del diseño curricular en general —y de las situaciones de aprendizaje de forma particular— de forma sistémica y desde el paradigma de la enseñanza centrada en el aprendizaje

El cambio del paradigma, que está por llegar a la práctica de nuestro sistema educativo, ya se formuló en los noventa del siglo pasado. Dos figuras de referencia son Robert Barr y Jhon Tagg que publicaron, en 1995, el artículo titulado "From Teaching to Learning" donde realizaban, entre otras consideraciones, un análisis comparativo de los elementos que caracterizan a la educación centrada en la enseñanza y aquella que se centra en el aprendizaje. De las diversas categorías de análisis que estos autores presentan en dicho artículo vamos a seleccionar, traducir y adaptar a nuestro contexto las que mejor nos ayuden a fundamentar las decisiones que plasmaremos en las situaciones de aprendizaje tal como las concebimos en esta obra. Es también la respuesta a por qué la definición de los aprendizajes pretendidos, que en nuestro ordenamiento se encuentran formulados en los criterios de evaluación, son nuestro punto de partida a la hora de diseñar el curriculum de aula y la razón por la que las situaciones de aprendizaje no son arbitrarias sino necesarias y coherentes con este paradigma.

Paradigma centrado en la enseñanza	Paradigma centrado en el aprendizaje
La finalidad de la educación	
Instruir	Generar aprendizaje
Enseñar es transferir conocimientos del profesorado al alumnado. Por eso la clase magistral es la metodología dominante.	Fomentar por medio de la actividad del estudiante el descubrimiento y la construcción del conocimiento. Se imponen las metodologías activas.
Impartir cursos y transmitir temarios	Crear entornos que potencien el aprendizaje
La meta es mejorar la calidad de la enseñanza	La meta es mejorar la calidad del aprendizaje
Se pretende la inclusión del alumnado diverso	Se procura el éxito de todos los estudiantes por diversos que sean
Planificación y estructura de la enseñanza y del aprendizaje	
Visión atomizada: las partes primero y el todo se integrará después (si se puede)	Visión holística: el todo antecede a las partes para que estas cobren sentido.

El tiempo disponible es invariable y el aprendizaje debe ajustarse a él	El aprendizaje es lo esencial y el tiempo es variable y está en función de dicho aprendizaje
Sesiones de clase de la misma duración con temas de similares dimensiones	Creación de entornos de aprendizaje donde se viven experiencias que pueden diferir mucho en el tiempo que precisan
Todas las clases se inician y terminan al mismo tiempo	Unido al rasgo anterior, los entornos de aprendizaje se agotan cuando el estudiante aprende
Un profesor con un grupo en un aula	Es valiosa cualquier experiencia que sirva para aprender lo que abre los espacios y los agentes de aprendizaje posibles
La asignatura manda y los departamentos son independientes	La realidad no está dividida por asignaturas por lo que la colaboración entre estas y los departamentos es habitual y necesaria
El listado de contenidos (el temario) manda	El referente esencial son los resultados específicamente definidos del aprendizaje
El peso de la evaluación final es lo importante y se produce una vez finalizada la instrucción.	Se emplean y complementan la evaluación inicial, la evaluación formativa y la final o sumativa.
La calificación, lo que se va a valorar y en qué medida, depende del profesor que imparte la asignatura y es él quien evalúa.	La evaluación del aprendizaje, al estar definido previamente, puede ser externa.
La evaluación no es transparente desde el principio. Es un asunto privado.	La evaluación es pública y transparente. El alumno sabe de qué aprendizajes se le va evaluar, mediante que pruebas y cuáles son los criterios que se emplearán en la calificación de los aprendizajes
Superar una asignatura (u otra unidad curricular) supone "acumular méritos" por las tareas realizadas o las notas conseguidas, en muchas ocasiones habiendo perdido la referencia de los verdaderos resultados de aprendizaje pretendidos	Superar una asignatura (u otra unidad curricular) supone la verificación de los aprendizajes adquiridos comparándolos con los previamente definidos (resultados de aprendizaje pretendidos) para ello se emplearán pruebas capaces de evidenciarlos sin perder nunca la referencia de dichos aprendizajes.
Los roles de los protagonistas del binomio enseñanza/aprendizaje	
Como lo que importa es el contenido a transmitir el profesor es un "conferenciante" que cuenta/explica el temario. Al centro educativo se va a saber qué hay que aprender y luego se estudia	El profesorado tiene como misión esencial la de diseñar entornos, ámbitos, experiencias que propicien el aprendizaje. Al centro educativo se va a aprender.
Los profesores y los estudiantes no interactúan. Cada uno tiene su papel y pueden funcionar de forma aislada.	Los profesores, los estudiantes e incluso otros agentes educativos trabajan en equipo y tienen a los resultados del aprendizaje del alumno como meta.

Los profesores clasifican y seleccionan a los estudiantes.	Los profesores trabajan en equipo y desarrollan las competencias y el talento (-s) de cada estudiante lo máximo posible
Lo importante de un profesor es que sepa de su materia. Cualquiera puede enseñar si su formación de base es la adecuada al contenido	Partiendo de la base de que nadie puede enseñar lo que no sabe, lo importante de un docente es que sepa retar al intelecto del alumnado generando situaciones complejas y motivadoras.

En las situaciones de aprendizaje que proponemos estarán presentes estos principios de forma que cada elemento curricular pueda verse reflejado en alguno de los rasgos de la columna de la derecha que describen el paradigma de la enseñanza centrada en el aprendizaje.

En el paradigma centrado en el aprendizaje, según Barr y Tagg, se parte de la identificación de los conocimientos y habilidades -hoy diríamos resultados de aprendizaje- que el alumnado debe adquirir. Que nosotros encontraremos como punto de partida en el currículo oficial. A partir de ahí, la clave estará en determinar cuál será la evaluación válida y adecuada a la descripción de aprendizajes pretendidos realizada a través de los criterios de evaluación poniendo especial interés en los verbos utilizados que van a determinar las acciones y el nivel de las mismas — recordemos las taxonomías — con sus criterios e instrumentos de calificación. El resto de los elementos curriculares: saberes básicos y otros saberes, metodologías, agrupamientos, materiales, tiempos, ... se deducirán prácticamente de estas premisas. Del bagaje pedagógico del diseñador dependerá el abanico de posibilidades válidas que se pueden poner en juego con garantías de éxito. El marco, el hilo conductor y la finalidad operativa de todas estas propuestas, que son sistémicas y por lo tanto interdependientes, será la situación de aprendizaje.

C. Mostrar cómo aplicar de forma consistente los principios teóricos del alineamiento constructivo de Biggs

En línea con lo expuesto en el apartado anterior donde se aboga por un planteamiento holístico que tiene como punto de partida y llegada el aprendizaje, las aportaciones del profesor John Biggs (2005), profundizan en cómo llevar a cabo las propuestas de la enseñanza centrada en el aprendizaje que proponen Barr y Tagg (1999). Y desarrolla una teoría ampliamente aceptada denominada *alineamiento constructivo*. De la que únicamente presentaremos algunos rasgos. Biggs (2005), determina que para el aprendizaje existen cinco componentes críticos que son:

1. Los contenidos que de la enseñanza

2. Los métodos de enseñanza que se utilizan

3. Los procedimientos de evaluación que se emplean, así como los métodos que se usan para comunicar los resultados

4. El clima que se crea en las interacciones con los estudiantes

5. El clima institucional, las reglas y procedimientos que se han de seguir y cumplir

El control que el profesor tiene sobre estos elementos clave es diverso. Quizá el último, relativo al clima institucional sea sobre el que menos control puede ejercer (Gargallo, 2017). Por eso, el establecimiento de un currículo de centro basado en decisiones pedagógicas y organizativas bien justificadas y coherentes con lo que se pretende es esencial. La propia normativa lo establece como elemento previo al inicio del trabajo de programación. Un elemento del que no habíamos hablado hasta ahora es el que aparece en cuarto lugar: *el clima que se crea en las interacciones de los estudiantes*.

Todos los docentes somos conscientes de la importancia que para el aprendizaje tiene este clima y la relación interpersonal. En el fondo la educación es una suerte de interacción de persona a persona por el medio que sea. El empleo de metodologías activas, donde el alumno realiza el trabajo de aprendizaje y construye el conocimiento, genera muchas más ocasiones de interacción. De ahí que la aportación desde el constructivismo que realiza Biggs (2005), con la apuesta por la actividad del estudiante sea muy adecuada.

La solución de un problema, la elaboración de un producto en unas determinadas circunstancias, que el profesor previamente ha organizado para que sea vivida como experiencia —propia de las situaciones de aprendizaje— va a proporcionar las ocasiones oportunas. Estas son mucho más difíciles en una enseñanza donde el profesor es un emisor casi único y que tiene por receptor a un colectivo, el grupo clase, que es diverso, con un solo emisor y un mensaje unívoco, sin poder definir ajuste alguno para adecuarse a esta diversidad. Una pregunta frecuente que se hacen los profesores conscientes de este problema cuando explican es: *"¿para quién explico hoy?"* Sin denostar en absoluto la clase magistral, que es en muchos casos necesaria, debemos apostar por el protagonismo de la construcción del aprendizaje. En la clase magistral también esta construcción es posible, pero depende de la atención, la posibilidad de conexión del conocimiento previo del alumno con los que el profesor transmite y del trabajo invisible de un alumno que quizá, dado que se le suele pedir en la evaluación pura reproducción, decida estudiar más tarde, eso que "el profesor está contando" a lo que seguramente tendrá acceso en distintos formatos.

En el alineamiento constructivo de Biggs la clave está en el establecimiento del currículo en objetivos claros, que desde la perspectiva centrada en el aprendizaje se tornan en la definición precisa de resultados de aprendizaje descritos en los criterios de evaluación. Estos señalan, gracias a los verbos empleados, el nivel de comprensión o ejecución requerido. No es un temario que haya que conocer y reproducir. La formulación de criterios de evaluación que se plantea en la LOMLOE con el modelo de verbo de acción + sobre qué actúa el verbo + en qué circunstancia/con qué finalidad, —que es también la forma en que encontramos los criterios de evaluación del currículo oficial en Secundaria y Bachillerato y en formación profesional gracias a la estructura de criterios y resultados— nos permite a un tiempo complejidad y concreción siendo esa formulación, concreta y precisa, la que ha de regir el resto de los elementos en función de la probabilidad de éxito que estimemos para llegar a los aprendizajes establecidos, tal y como se fijaron.

Para poder auxiliarnos en la determinación de la profundidad de los aprendizajes y su progresión, que debe quedar patente en la formulación de los criterios, están las taxonomías. En muchas ocasiones el criterio de evaluación del currículo es finalista —está establecido para el momento último de la asignatura dure esta un curso o más— y no es frecuente que su adquisición se alcance de una sola vez, ni sin proponer un itinerario adecuado. Más arriba se hablaba del profesor como "tomador de decisiones", decidir la ruta de aprendizaje mediante la definición específica y progresiva de los mismos es una competencia profesional esencial. La más empleada de estas taxonomías es la de Bloom, que data de la década de los 50 del siglo pasado, y que ha tenido algunas actualizaciones. También Biggs (2005), ha propuesto su propia taxonomía denominada SOLO por sus siglas en inglés (Structure of the Observed Learning Outcomes).

Una situación de aprendizaje, al igual que una unidad de programación de cualquier nivel de concreción, nunca debe "relacionarse" con un criterio de evaluación. La "definición" clara de los aprendizajes pretendidos, que corresponde a dichos criterios de evaluación, es la base del alineamiento según Biggs. Si este referente se desdibuja con un vínculo débil —como el que se establece con la muy extendida expresión "está relacionado con"— perdemos la posibilidad de alinear el resto de los elementos y ponerlos al servicio del aprendizaje. Cuando esto sucede, que desafortunadamente es muy frecuente y hay que estar muy vigilantes para que no ocurra, la evaluación se desdibuja y se vuelve arbitraria. Se otorga valor a la prueba o al trabajo realizado o se cambian puntos por comportamientos, y no se puede contrastar el aprendizaje pretendido con el realmente adquirido (porque ya no se sabe exactamente qué se pretendía verificar). En el lugar del aprendizaje vuelve por sus fueros el contenido, claro, "objetivo", fácil de evaluar. Y, sin querer, nos deslizamos de paradigma y aparece el protagonismo del profesor, el temario como fin y la evaluación de lo transmitido como modelo, que tiene un buen acomodo en el tradicional examen, donde la verificación de los resultados de aprendizaje que, recordemos, vienen determinados por un verbo de acción, sobre qué actúa ese verbo —los contenidos o saberes— y en qué circunstancia, son muy difíciles de valorar, cuando no imposibles. De hecho, el análisis del qué y cómo evalúa un centro educativo es un indicador clarísimo de cuál es en realidad la impronta educativa y pedagógica del mismo. Seguro que hay mucho más, pero se desarrolla en el currículo oculto.

D. Aportando evidencias de investigación según la propuesta del "aprendizaje visible" de Hattie y Zierer.

Por último, otro de los pilares del proyecto es la propuesta del denominado "aprendizaje visible" de Hattie y Zierer (2017). Para llegar a sus conclusiones, los autores realizaron más de 900 metaanálisis sobre más de 50.000 artículos de investigación, 150.000 tamaños de efectos y 240 millones de alumnos. Entre otras, es inspiradora la siguiente conclusión: "Es importante lo que hacen los profesores, pero lo más importante es tener el marco conceptual adecuado en relación con el impacto que tiene aquello que ellos hacen" (p.31).

Saber cuáles son los resultados reales de la acción educativa en términos de aprendizaje es el motor de cambio que se ha demostrado más eficaz. Los mismos autores abogan por la toma de decisiones basadas en evidencias e inciden en que en Educación no siempre son las evidencias, fundamentadas en investigación, la base de dichas decisiones. El proyecto quiere ser una pequeña aportación en esta línea. Por eso, una de las dos situaciones de aprendizaje que se presentan en esta guía ha sido aplicada y se han recogido evidencias de los resultados de dicha implementación y se presentan sistematizados en la última parte. El método empleado es cualitativo y no pretende generalización sino más bien comprender el fenómeno de la implementación, en muchos casos por vez primera, de una situación de aprendizaje en un determinado grupo-clase. El análisis se asociará a los perfiles de los alumnos y por lo tanto se establecerá un estudio de casos múltiple que permitirá, junto con la percepción del profesor-investigador participante, triangular las percepciones y ganar en la fiabilidad de los resultados.

Referencias bibliográficas

Barr, RB y Tagg, J. (1995). *De la enseñanza al aprendizaje: un nuevo paradigma para la educación de pregrado*. Change: The magazine of higher learning, 27(6), 12-26.

Biggs, J. (2005). *Calidad del aprendizaje universitario*. Madrid: Narcea.

Contreras, O. R., González-Martí, I., y Gil, P. (2019). *La dificultad de la implementación de una enseñanza por competencias en España*. Archivos Analíticos de Políticas Educativas, 27(121).

Cordero, G. y Carnicero, P. (2021). *¿Quién forma a los futuros docentes? Un estudio conjunto en cuatro países*. Barcelona: Octaedro.

Gargallo y Pérez-Pérez (2021). (Coord.) *Aprender a aprender competencia clave en la sociedad del conocimiento. Su aprendizaje y enseñanza en la universidad*. Valencia: Tirant.

Gargallo, B. (2017). *Enseñanza centrada en el aprendizaje y diseño por competencias en la universidad. Fundamentación, procedimientos y evidencias de aplicación e investigación*. Valencia. Tirant Humanidades.

Hattie, J., y Zierer, K. (2017). *Mindframes for visible learning: Teaching for success*. London. Routledge.

Jiménez-Rodríguez, M.A., Angelini, M.L. y Tasso, Ch. (Edit.) (2020). *Orientaciones metodológicas para el desarrollo del pensamiento crítico*. Barcelona: Octaedro.

Ley Orgánica 3/2020, de 29 de diciembre, por la que se modifica la Ley Orgánica 2/2006, de 3 de mayo, de Educación.

Marcelo García, C. (2009). *Pensamientos pedagógicos y toma de decisiones de los profesores en la planificación de la enseñanza*. Enseñanza & Teaching: Revista Interuniversitaria de Didáctica. Recuperado a partir de https://revistas.usal.es/tres/index.php/0212—5374/article/view/3289.

Murillo, F. J. y Martínez-Garrido, C. (2020). *¿Para qué sirven las revistas de investigación educativa?* Aula Magna 2.0. [Blog]. Recuperado de: https://cuedespyd.hypotheses.org/8298.

Orden ECI/3858/2007, de 27 de diciembre, por la que se establecen los requisitos para la verificación de los títulos universitarios oficiales que habiliten para el ejercicio de las profesiones de Profesor de Educación Secundaria Obligatoria y Bachillerato, Formación Profesional y Enseñanzas de Idiomas.

Urkidi, P., Losada, D., López, V., y Yuste, R. (2020). *El acceso a la formación inicial del profesorado y la mejora de la calidad docente*. Revista Complutense De Educación, 31(3), 353-364. https://doi.org/10.5209/rced.63476

CAPÍTULO 3
Arquitectura del curricular de la LOMLOE. Del currículo oficial al de aula

El currículo oficial es una parte esencial del sistema educativo de un país. Evidentemente no es la única y necesita de otros factores que lo hagan posible. Mmantsetsa Marope, exdirectora de la Oficina Internacional de Educación de la Unesco, puso de manifiesto su importancia señalando algunos elementos clave que merece la pena reproducir:

- El currículo preside la enseñanza, el aprendizaje y la evaluación. Determina:

- El entorno físico de enseñanza y aprendizaje (infraestructuras, libros y materiales de aprendizaje, consumibles, mobiliario, equipos, etc.)

- El personal educativo, especialmente el profesorado.

- El currículo de los estudiantes determina los currículos para la formación inicial del profesorado y para el desarrollo profesional continuo.

- La coherencia en los elementos clave de los sistemas es fundamental para la eficacia del sistema y la eficiencia de los recursos. (Marope, 2017, p. 31.)

Si en el primer capítulo señalábamos el problema de disociación entre la investigación y la práctica educativa, en esta ocasión no tenemos más remedio que señalar la falta de conexión entre el currículo oficial y el currículo efectivamente desarrollado en las aulas. Desde la LOE de 2006 llevamos procurando, teóricamente, llevar a cabo un currículo por competencias. En este momento seguimos pretendiéndolo y estamos lejos de que sea una realidad. Para explicar esta falta de coherencia entre ambos currículos podemos volver sobre el texto de Marope.

En primer lugar, y centrándonos en la etapa de secundaria, bachillerato y formación profesional, no es el currículo oficial—que pretende competencias— el que preside el binomio de enseñanza-aprendizaje y que sigue estando centrado en contenidos. Una de las claves fundamentales para el cambio la da la propia Marope cuando termina la frase con el tema de la evaluación. Es la evaluación la que guía los procesos tanto de lo que los profesores enseñan como los de las estrategias que los alumnos despliegan. Fijémonos en lo que sucede en las Pruebas de Acceso a la Universidad. Se trata de una evaluación que determina el proceso de enseñanza y aprendizaje reales. Como esto es así, nuestra propuesta de diseño comienza, una vez definido el contexto, en identificar con precisión la evaluación tal como se ha propuesto en trabajos anteriores (Jiménez-Rodríguez 2011, 2019a,2019b).

Si el currículo real no ha dado el paso a ser competencial tampoco ha hecho falta cambiar los recursos materiales —el entorno físico de la enseñanza— y podríamos añadir los organizativos o funcionales— como la función de la inspección, la gestión pedagógica, no administrativa, de los centros y, fundamentalmente la organización de la enseñanza medida en horas/semana por asignatura y un calendario fijo, con un espacio para los alumnos y no para el aprendizaje, y un profesor por grupo, que son la base material-funcional del paradigma anterior —y, si hubieran cambiado, sin modificar el paradigma y el resto de factores, posiblemente hubieran sido inútiles pues los que tenemos se adecuan bien al modelo real que los generó y "determinó".

El siguiente elemento es el personal. Podemos agrupar tanto el profesorado en ejercicio como el que está en formación. Tenemos un gravísimo problema con la formación inicial y también con la formación permanente. Posiblemente la clave —más allá de que los planes de estudio de las universidades pueda o no estar desactualizados pues la Orden que los regula data de 2007 y se espera una nueva en 2025— la encontramos en la pregunta recogida en la obra que lleva por título "¿Quién forma a los futuros docentes?" que coordinaron en 2021 Graciela Cordero y Paulino Carnicero y que aglutina a numerosos investigadores del

Observatorio Internacional de la Profesión Docente liderado por Imbernón en la Universidad de Barcelona. El perfil de estos formadores suele estar marcado por los estudios iniciales. Los formadores de educadores en las universidades mantienen fidelidad a este ámbito de conocimiento en el que normalmente investigan y publican. Están en Educación, pero son y se sienten del ámbito de conocimiento del que proceden que es del que tiene formación, donde se sienten seguros y que, desde una visión disciplinar, más pueden aportar. Paradójicamente, están formado educadores profesores doctores en múltiples disciplinas sin un crédito formal de formación en Ciencias de la Educación y sin experiencia alguna de docencia en Enseñanzas Medias. A nivel institucional, el claustro de Máster de Secundaria se complementa con profesores asociados que ejercen en las enseñanzas medias, donde la experiencia y el autodidactismo son lo habitual, estos tienen a su favor su propia experiencia, pero siguen sin formación específica sobre Educación. Cuando estos formadores de formadores enseñan lo hacen de lo que saben, como no puede ser de otra manera.

Por último, Marope establece la coherencia entre los elementos clave para la eficacia del sistema y la eficiencia de los recursos. Con lo dicho hasta ahora podemos ver como esta coherencia interna, este alineamiento, es muy complicado. Tiene los pies en dos paradigmas diferentes. Pero el real se parece mucho más al centrado en la enseñanza que aquel que está centrado en el aprendizaje, como pretende el legal-oficial. Como, además, el resto de los elementos que señala Marope no han acompañado su implantación y el pacto educativo en nuestro país no interesa políticamente, hemos tenido, y desafortunadamente tendremos, cambios continuos de leyes fallidas o, como mucho, un sistema educativo burocratizado y asfixiante donde lo oficial y lo real solo se encuentran en dicha burocracia.

El currículo que se presenta desde la LOE de 2006 hasta la LOMLOE de 2021 pretende ser competencial. Coll y Martin (2022), establecen cuatro principios para que los aprendizajes lo sean. En primer lugar, que los conocimientos se pongan en acción, que se apliquen. Para ello lógicamente hay que adquirirlos y es en la memoria donde residen. Es falso que con el aprendizaje competencial los alumnos tienen que aprender menos. Sin embargo, sí hay que aprender mejor, porque los conocimientos hay que activarlos y utilizarlos de forma integrada y articulada para responder a situaciones específicas. En segundo lugar, se han de integrar distintos tipos de conocimiento. Las competencias son sinónimo de combinación y de complejidad, por ello la inclusión de distintos tipos de saberes es pertinente y necesaria. Además, en tercer lugar, los contextos son importantes porque las competencias son respuestas a problemas que se plantean en ellos. Tanto el aprendizaje como la evaluación debe estar contextualizada. Y. por último, incidiendo nuevamente en la evaluación, es en la acción, en la ejecución del conocimiento donde se puede realmente establecer el grado de consecución de los aprendizajes.

Estos cuatro elementos se dan en las situaciones de aprendizaje y no necesariamente en las unidades didácticas lo que explica la necesidad de articular el currículo a través de las primeras.

La LOMLOE presenta algunos conceptos clave que más allá de domesticarlos identificándolos sin más con lo ya conocido cambiando solo el nombre, merece la pena entender. Son las ideas las que tienen la capacidad de cambiar la práctica y sin nuevos conceptos, nuevos significados, no hay posibilidad de pensar diferente y, en esto, el currículum actual ha hecho un esfuerzo que puede dar sus frutos. Por otra parte, para que el currículo oficial no se convierta en monolítico y cerrado, perdiendo así la posibilidad de ejercer la libertad de enseñanza de instituciones y centros y hacer realidad la adaptación a los contextos — que se ha demostrado como uno de los factores más eficaces para el aprendizaje— presentaremos a un tiempo la "arquitectura" de los elementos clave del currículo de LOMLOE y cuál puede ser el trabajo que, desde nuestra propuesta, se ha de hacer para tener un currículo institucional y de centro, coherente y bien alineado. Este último elemento, la alineación curricular, es clave en los avances que esta Ley propone en lo pedagógico. La articulación coherente desde las asignaturas a las competencias se "garantiza" y se explicita vinculando los criterios de evaluación a las competencias clave mediante las competencias específicas. Veremos cómo.

El perfil de salida, los descriptores y el modelo institucional de los centros

Un elemento relativamente nuevo es el establecimiento de los perfiles de salida para cada etapa — Educación Primaria, Secundaria y Bachillerato y en algunas CCAA han determinado también el perfil de E. Infantil— a través de la concreción de las competencias clave por medio de descriptores. De este modo, más allá del nombre que puede sugerir unos u otros aprendizajes necesarios, se establecen un conjunto de mínimos que pueden orientar la acción y facilitan compartir significados. Dichos perfiles emplean los mismos descriptores, que son desempeños o acciones que el alumno debiera poder realizar al finalizar la etapa correspondiente, a lo largo de todo el itinerario formativo. Que los descriptores sean desempeños es muy importante porque facilita un horizonte claro y también la evaluación. En Formación Profesional, mucho más diversa en su propósito formativo, se establecen también dichos perfiles que se despliegan luego en competencias y resultados de aprendizaje. Además, las Competencias Clave, que en un principio se circunscribieron para la educación obligatoria, se fueron integrando en otras etapas y momentos educativos completándose con "Competencias Clave para un Aprendizaje a lo Largo de la Vida" que la Unión Europea incorporó en 2010 al resto de aprendizajes, incluida la Formación Profesional.

El perfil de salida está al servicio del objetivo principal del Sistema educativo que es: "Lograr que todas y todos los jóvenes alcancen su máximo desarrollo integral, en un contexto de igualdad de oportunidades, adquiriendo las competencias que les permitirán desenvolverse con garantías en la sociedad global de las próximas décadas". (Preámbulo de la LOMLOE).

La elaboración de este perfil secuenciado tiene diversas fuentes: el proyecto DeSeCo de la OCDE de 2002, la revisión de las competencias clave realizada en 2018 en el seno de la UE e incorpora aspectos de otros acuerdos y documentos internacionales como son los ODS de la ONU o *Key Drivers of Curricula Change in the 21st Century de* la Oficina Internacional para la Educación de la UNESCO.

A partir de la revisión del 2018 las ocho competencias clave incorporan en su definición tres elementos nuevos. En la definición anterior se decía que *son aquellas que todas las personas precisan para su realización y desarrollo personales, la integración social, la empleabilidad y la ciudadanía activa.* A las que se han añadido tres finalidades más, acordes con los tiempos y son: *Un estilo de vida sostenible, éxito en la vida en sociedades pacíficas y un modo de vida saludable.*

Las competencias clave en FP se concretan a través de descriptores operativos, que incluyen conocimientos, destrezas y actitudes que el alumnado debe desarrollar para su cualificación profesional y empleabilidad. Estos descriptores contextualizan los marcos europeos y permiten operativizar las competencias en el ámbito curricular de la FP.

Para que la formación profesional tenga coherencia y no quede desarticulada, los centros deben asumir el perfil de salida establecido por la legislación como un mínimo común, pero deben contextualizarlo e integrarlo en su propio proyecto educativo.

Integración del perfil de salida en los centros de Formación Profesional

Esta adaptación no debe ser una simple yuxtaposición de contenidos. No puede existir una separación entre la enseñanza de las competencias técnicas y la formación personal y social del alumnado. La educación integral, que es el eje del currículo oficial, debe estar presente en la dinámica del aula y no relegarse a tutorías, campañas o actividades extracurriculares.

La experiencia en distintos centros de FP ha mostrado que la integración del currículo legal con el proyecto educativo propio es posible si se parte del perfil de salida oficial y se contrastan con él las propuestas formativas propias del centro. En este proceso de análisis, encontramos tres tipos de elementos:

1. Aquellos que son exclusivos de la legislación.

2. Los que coinciden con el currículo oficial y el propio del centro.

3. Los que son específicos del centro, derivados de su identidad, valores y enfoque pedagógico.

Para que un centro de Formación Profesional sea fiel tanto a su entorno socioeconómico como a su propio proyecto educativo, debe integrar estos elementos específicos dentro del perfil de salida, añadiendo características a los descriptores establecidos en la normativa o introduciendo nuevos descriptores que concreten finalidades formativas adicionales.

Los elementos propios del centro se integran en los distintos niveles del perfil de salida de FP. Se recomienda establecer un itinerario progresivo en el desarrollo de estas competencias a lo largo de los diferentes niveles de cualificación profesional, de forma que se garantice su coherencia y aplicación en el aula.

Gracias al alineamiento curricular que ha introducido la LOMLOE en el sistema de FP, los centros tienen ahora una mayor capacidad para contextualizar y desarrollar su propuesta educativa dentro de un marco común, asegurando que los aprendizajes sean significativos, evaluables y aplicables al mundo profesional.

Las competencias personales, profesionales y sociales

La LOMLOE "no se ha atrevido", como suele decir Javier Valle (2021), uno de los artífices de esta Ley, a proponer un currículo directamente competencial. Si se pretende que el alumnado adquiera competencias parece que el camino correcto hubiera sido establecer una serie de experiencias de aprendizaje que las procuraran de forma inmediata. Pero no ha sido así, pues el currículum escolar sigue centrado en un desarrollo de conocimientos científico-culturales donde el objeto de la enseñanza puede ser prioritario sobre el sujeto que aprende que es el ámbito de las competencias.

Atendiendo a la legislación actual, se habla explícitamente de **aprendizaje basado en competencias**. La **Ley Orgánica 3/2022, de 31 de marzo, de ordenación e integración de la Formación Profesional**, establece un modelo competencial en el que se busca que el alumnado adquiera **competencias profesionales, personales y sociales** necesarias para su inserción laboral y su desarrollo a lo largo de la vida.

La LOMLOE mantiene en Formación Profesional un modelo basado en módulos profesionales, donde la formación se estructura en torno a la adquisición de competencias personales, sociales y profesionales. Aunque se persigue un enfoque competencial, la organización del currículo sigue centrada en la enseñanza de conocimientos técnicos, lo que puede hacer que el desarrollo competencial quede en un segundo plano.

Las competencias personales, sociales y profesionales no existen sin las personas que las adquieren, ya que son atributos que configuran a los individuos y que pueden ser aprendidos y desarrollados a lo largo de su trayectoria formativa y profesional. Estas competencias definen el perfil de egreso del alumnado de FP y su grado de preparación para el mundo laboral.

En este sentido, las competencias personales, sociales y profesionales deberían garantizar no solo el dominio técnico de un determinado ámbito profesional, sino también el desarrollo de capacidades transversales esenciales en el entorno laboral, como la adaptabilidad, la resolución de problemas, el trabajo en equipo o la autonomía en la toma de decisiones.

El diseño actual de la FP mantiene una estructura modular que, si bien favorece la especialización y la conexión con el mundo laboral, puede hacer que el aprendizaje siga girando en torno a contenidos técnicos específicos, en lugar de priorizar la integración de las competencias personales, sociales y profesionales en la enseñanza diaria.

El profesorado de FP suele sentirse más seguro con un esquema de enseñanza basado en la transmisión de conocimientos técnico-profesionales, lo que puede dificultar la aplicación real del aprendizaje basado en competencias. Aunque los criterios de evaluación están formulados desde una perspectiva competencial, en la práctica sigue existiendo una distancia entre el currículo legal y la realidad formativa del aula y los centros de trabajo.

Si las competencias personales, sociales y profesionales en FP deben garantizar que el alumnado se desempeñe con éxito en su entorno laboral, ¿cómo se articulan dentro del currículo? La normativa establece que su desarrollo debe integrarse a través de los módulos profesionales y las situaciones de aprendizaje, pero sin un modelo claro para asegurar su adquisición efectiva.

El diseño actual de la FP plantea dudas sobre la integración real de estas competencias en el aula:

- ¿Existe una relación clara y demostrable entre los módulos profesionales y el desarrollo de las competencias personales, sociales y profesionales?

- ¿Cómo se evidencia su adquisición en los procesos de enseñanza-aprendizaje y evaluación?

- ¿Qué estrategias pueden utilizar los docentes para garantizar que el alumnado no solo adquiera conocimientos técnicos, sino que desarrolle las competencias necesarias para su inserción laboral y su crecimiento personal?

Si el propósito del perfil de egreso en FP es garantizar que los titulados posean las competencias necesarias para su empleabilidad y su adaptación a un mercado laboral en constante cambio, es imprescindible definir qué se va a enseñar, cuándo y cómo se va a evaluar cada una de estas competencias.

Además, la estructura actual de la FP prioriza el currículo oficial, dejando en un segundo plano el currículo propio de cada centro de FP, que es fundamental para responder a las necesidades del tejido productivo local y del contexto laboral en el que se insertan los titulados. Como se planteaba en el apartado anterior, los perfiles de egreso deben poder ajustarse a las demandas específicas de cada sector profesional.

Por tanto, las competencias personales, sociales y profesionales en FP también requieren una adaptación, que incluya:

- Nuevas estrategias didácticas que permitan integrar el desarrollo de estas competencias dentro de los módulos profesionales de manera efectiva.

- Ampliaciones o ajustes en la forma en que se planifican y evalúan estas competencias, para reflejar con mayor precisión su impacto en la formación y en el desempeño profesional del alumnado.

En definitiva, si la adquisición del perfil profesional en FP depende del desarrollo de competencias personales, sociales y profesionales, estas deben estar plenamente integradas en el currículo explícito del aula y no quedar relegadas a elementos transversales o no evaluables. Solo así se logrará una FP realmente orientada al aprendizaje competencial, en la que el alumnado no solo aprenda a hacer, sino que también aprenda a ser y a convivir en su entorno profesional y social.

Los criterios de evaluación

La evaluación en Formación Profesional no es un proceso meramente calificativo, sino un elemento esencial para garantizar que el alumnado adquiere las competencias personales, sociales y profesionales necesarias para su desempeño en el mundo laboral. Los criterios de evaluación desempeñan un papel clave en este proceso, ya que establecen qué se debe lograr y cómo se debe evidenciar el aprendizaje. Sin embargo, su aplicación efectiva en el aula sigue siendo un desafío.

En un modelo de FP basado en la adquisición de competencias, la evaluación no puede limitarse a medir conocimientos teóricos o destrezas técnicas de forma aislada. Debe centrarse en la capacidad del alumnado para resolver problemas, trabajar en equipo, adaptarse a nuevas situaciones y aplicar lo aprendido en contextos reales. Es en este punto donde los criterios de evaluación se convierten en un instrumento fundamental: permiten operativizar el aprendizaje y definir de manera objetiva qué evidencia demuestra que un estudiante ha adquirido una determinada competencia.

Los criterios de evaluación y su papel en el aprendizaje competencial

Si la FP tiene como objetivo que el alumnado se incorpore al mundo laboral con un perfil profesional sólido y adaptado a las exigencias del mercado, los criterios de evaluación deben estar alineados con este propósito. La evaluación no puede ser un ejercicio mecánico de comprobación de conocimientos, sino una herramienta que permita valorar la capacidad de los estudiantes para aplicar lo aprendido en situaciones reales de trabajo.

No obstante, la realidad es que, en muchos casos, los criterios de evaluación siguen interpretándose desde una perspectiva tradicional, centrada en el rendimiento académico más que en la demostración efectiva de competencias. Aunque los criterios están diseñados para ser competenciales, su implementación en el aula muchas veces se reduce a la evaluación de contenidos teóricos y ejercicios prácticos descontextualizados, lo que impide valorar el aprendizaje de manera integral.

Esto se debe, en parte, a la dificultad de diseñar instrumentos de evaluación que realmente reflejen el desempeño competencial del alumnado. Mientras que los exámenes escritos pueden medir conocimientos teóricos, ¿cómo evaluar con precisión la capacidad de un estudiante para comunicarse eficazmente en un entorno de trabajo, resolver un problema técnico bajo presión o adaptarse a nuevas tecnologías? Estas habilidades son esenciales en el mundo laboral, pero no siempre se reflejan de manera clara en los procesos de evaluación.

Retos y propuestas para una evaluación eficaz en FP

Si los criterios de evaluación deben garantizar que el alumnado de FP está realmente preparado para el mundo laboral, es imprescindible abordar una serie de retos:

- Diseñar evaluaciones basadas en situaciones reales de trabajo, que permitan valorar no solo conocimientos técnicos, sino también habilidades transversales.

- Integrar la evaluación continua, para que el aprendizaje no se reduzca a pruebas puntuales, sino que se valore el progreso y la evolución del estudiante a lo largo del proceso formativo.

- Asegurar la coherencia entre criterios de evaluación y competencias, evitando que la enseñanza y la evaluación se enfoquen en aspectos diferentes.

Para lograrlo, es necesario que los centros de FP y el profesorado cuenten con herramientas y estrategias adecuadas que faciliten la aplicación efectiva de los criterios de evaluación. Esto incluye la formación en metodologías de evaluación competencial, el diseño de rúbricas claras y funcionales y la integración de herramientas tecnológicas que permitan recoger evidencias del aprendizaje de manera objetiva y sistemática.

En definitiva, los criterios de evaluación en FP no pueden ser vistos como un requisito burocrático, sino como el eje central que define la calidad de la formación. Una evaluación alineada con el enfoque competencial garantiza que el alumnado no solo aprenda, sino que se prepare realmente para el mundo laboral, con una formación que responda a las necesidades del mercado y a los desafíos de una sociedad en constante cambio.

Las situaciones de aprendizaje

Con la LOMLOE han llegado las situaciones de aprendizaje. Tienen antecedentes claros en el trabajo por proyectos, en las unidades didácticas integradas o en los paisajes de aprendizaje, por citar algunos. Sin embargo, son la forma de articulación del currículo de aula más acorde con los elementos clave como son los criterios de evaluación y su formulación. Si el criterio de evaluación define un contexto, la forma en que se debe aprender debe estar "contextualizada" y, por lo tanto, necesita de una "situación" donde dicho aprendizaje se produzca y tenga sentido.

Existen diversas definiciones de situación de aprendizaje podemos destacar algunas características comunes:

- Son el modo de articulación del currículo que se desarrolla en las aulas.

- Es la planificación organizada de experiencias de aprendizaje en torno a un problema, un reto, al que debemos dar respuesta en un contexto cercano. El reto lo será si está adaptado a los intereses del alumnado y a su situación de partida. El reto motiva si se encuentra dentro de la zona de desarrollo próximo.

- Responden a la descripción de los aprendizajes que realizan uno o varios criterios de evaluación y por, por lo tanto, se generan experiencias que permiten adquirir dichos aprendizajes y evaluarlos.

- Admiten la interacción de aprendizajes simultáneos de diferentes materias, simplemente porque al estar cercanas a la realidad esta lo puede exigir, el mundo no está dividido en asignaturas.

- Siempre hay un producto, material o intelectual, que se puede emplear como instrumento de evaluación. Dicho producto suele estar implícito o explícito en el criterio de evaluación.

- Activa los saberes básicos adquiridos o mejor, exige la adquisición de los saberes sean básicos o no, porque la situación no se resuelve bien si no se poseen.

- Están vinculadas al aprendizaje donde el protagonista es el alumno por lo tanto las metodologías serán activas e invitan a colaborar y también inciden en la metacognición.

- Se trata de un desarrollo curricular coherente con el desarrollo de competencias.

- Favorecen la inclusión y para ello la perspectiva de diseño activa los principios del diseño universal de aprendizaje (DUA).

En el capítulo siguiente profundizaremos sobre las situaciones de aprendizaje e incidiremos en el proceso de creación sobre el principio del alineamiento y la centralidad de los aprendizajes que se describen en los criterios como punto de partida.

En definitiva, para pasar del currículo oficial al currículo del centro y luego al del aula tenemos que conocer bien la articulación de la LOMLOE y concretar, ampliando, el mínimo común que se prescribe en el currículo oficial. Por eso todo debe empezar revisando el perfil de salida, que es un *retrato robot* de los mínimos del sistema educativo y lo transformaremos en la descripción de la imagen de persona que da sentido a la existencia de las diversas instituciones y centros educativos, tanto públicos como privados, pues todo centro tiene en su proyecto educativo el punto de partida y de llegada de su acción. Si enriquecemos este perfil oficial, los medios que la Administración plantea para llegar a él no tienen por qué contemplar lo que se ha añadido como propio, por lo tanto, si no se quieren tener currículos paralelos y dejar en el ámbito de lo informal o no formal dichas propuestas educativas, habrá que implementar lo necesario, a través de las competencias específicas y los criterios de evaluación, para que sean posibles. Los departamentos deben establecer la secuencia y la coordinación para trazar una senda, un itinerario de aprendizaje lógico, ajustado en tiempos y contextualizado, en función de los aprendizajes descritos en los criterios y no en los contenidos disciplinares. Esta es una de las mayores inercias que, hoy por hoy, es más difícil de vencer. Una vez clarificada la acción conjunta y la de cada profesor relativa a cada curso, con los acuerdos que puedan ser necesarios, empieza la tarea de la programación de aula. En ella la forma coherente se encuentra en la sucesión de situaciones de aprendizaje. Pasemos a ver cómo se propone, en el siguiente capítulo,

Referencias bibliográficas

Coll, C., y Marín, E. (2022). *El trabajo competencial en el aula*. Cuadernos de pedagogía, Nº 537.

Conselleria d'Educació, Cultura, Universitats i Ocupació (2022). *Decreto 107/2022, de 5 de agosto, del Consell, por el que se establece la ordenación y el currículo de Educación Secundaria Obligatoria.* DOGV.

Cordero, P. y Carnicero, G. (rec) (2021) *¿Quién forma a los futuros docentes?* Octaedro.

Jefatura del Estado (2006). *Ley Orgánica 2/2006, de 3 de mayo, de Educación.* BOE.

Jefatura del Estado (2020). *Ley Orgánica 3/2020, de 29 de diciembre, por la que se modifica la Ley Orgánica 2/2006, de 3 de mayo, de Educación.* BOE.

Jiménez-Rodríguez, M.A. (2011). *Cómo diseñar y desarrollar el currículo por competencias.* PPC.

Jiménez-Rodríguez, M.A. (Coord.) (2019). *El diseño de unidades didácticas hoy.* Tirant Humanidades.

Jiménez-Rodríguez, M.A. (Coord.) (2019). *Programar al revés.* Narcea.

Ministerio de Educación y Ciencia (2007). *Orden ECI/3858/2007, de 27 de diciembre, por la que se establecen los requisitos para la verificación de los títulos universitarios oficiales que habiliten para el ejercicio de las profesiones de Profesor de Educación Secundaria Obligatoria y Bachillerato, Formación Profesional y Enseñanzas de Idiomas.* BOE.

OCDE (2002): *La definición y selección de competencias clave.* Agencia de los Estados Unidos para el Desarrollo Internacional (USAID).

Oficina Internacional de Educación de la Unesco. (2017). *Training tools for curriculum development.* Geneva: IBE 2017 (4695).

UE (2010). *Informe conjunto de 2010 del Consejo y de la Comisión sobre la puesta en práctica del programa de trabajo «Educación y formación 2010».* Diario Oficial de la Unión Europea.

Valle, J. (2022): *LOMLOE y cambio educativo: del mito competencial al reto curricular.* Educadores: Revista de renovación pedagógica, N° 284, págs. 4-16.

CAPÍTULO 4
Diseño curricular de situaciones de aprendizaje en formación profesional. Guía didáctica

Las **situaciones de aprendizaje** son las células del tejido curricular competencial y, aunque la legislación no establece este modelo de desarrollo para FP, las situaciones de aprendizaje poseen alineados todos los elementos esenciales del currículo en el nivel de concreción del aula y, por tanto, son un buen instrumento para que los profesores diseñen lo que sus alumnos van a vivenciar como **experiencias de aprendizaje** también en FP donde el contacto con la realidad laboral es tan importante.

Los conceptos de unidad didáctica o de trabajo y situación de aprendizaje[1] están muy próximos cuando el curriculum pretende que los

---

1. En una Situación de Aprendizaje Competencial se concretan y evalúan las experiencias de aprendizaje. Para que estas experiencias de aprendizaje sean competenciales el docente o la docente debe diseñar Unidades Didácticas o Situaciones de Aprendizaje con tareas y actividades útiles y funcionales para el alumnado, situadas en contextos cercanos o familiares, significativos para este, que le supongan retos, desafíos, que despierten el deseo y la curiosidad por seguir aprendiendo; experiencias de aprendizaje que impliquen el uso de diversos recursos; que potencien el desarrollo de procesos cognitivos, emocionales y psicomotrices en el alumnado; que favorezcan diferentes tipos de agrupamiento (trabajo individual, por parejas, en pequeño grupo, en gran grupo). De igual forma, las metodologías elegidas deberán contribuir al éxito de los aprendizajes fomentando la motivación, facilitando el proceso y contribuyendo a una buena gestión del clima del aula. Por último, los productos elegidos deberán ser adecuados para la observación de los aprendizajes descritos en los resultados de aprendizaje y concretados en los criterios de evaluación del currículo de FP siendo coherentes con los procesos cognitivos, emocionales y psicomotrices en ellos descritos. El diseño debe tener como referencia uno o varios Resultados de aprendizaje, que nos darán las claves de nuestra Situación de Aprendizaje, y a través de los cuales evaluaremos el logro de los aprendizajes descritos en estos Criterios al mismo tiempo que evaluamos el grado de desarrollo de las Competencias vin-

alumnos adquieran competencias y tiene como elemento generatriz el/ los resultado/s de aprendizaje y los criterios de evaluación que los concretan. Gracias a que se van superando dichos resultados y criterios, se adquieren las competencias de cada módulo, y van completando progresivamente el perfil profesional y personal definido en las competencias del currículo tanto profesionales como, personales y sociales.

Esta estructura curricular entronca también con las descripciones de perfil de egreso que se tiene en la Universidad desde la entrada en vigor del Espacio Europeo de Educación Superior, que se clasifican, como resultados de aprendizaje de la titulación de que se trate y que definen el perfil de egreso. Estos resultados son el alma de los títulos y se van consiguiendo a través del itinerario formativo que es el plan de estudios. De este modo cada asignatura tiene a su vez resultados de aprendizaje que hacen posibles los del título. La formulación adoptada para la FP en los módulos profesionales es idéntica. Estamos por tanto en un momento de unificación del Sistema Educativo completo en función de competencias. La Formación Profesional, pionera en la introducción de las competencias en el curriculum, también se articula con un esquema semejante donde las competencias se desglosan en resultados de aprendizaje y sirven a un tiempo para describir lo que los alumnos deben aprender y, por lo tanto, de qué deben ser evaluados.

Esta guía, con explicaciones exhaustivas, pretende justificar cada uno de los pasos que deben darse. Siempre con dos elementos subyacentes: el paradigma de la educación centrada en los aprendizajes y el alineamiento constructivo de John Biggs que, evidentemente, son complementarios. De este modo el lector encontrará en ella el porqué de cada elemento curricular. Está pensada para iniciarse en el diseño o, en el caso de la formación de profesores, poder comprender mejor el alineamiento necesario de cada paso.

culadas a los mismos. (Adaptado de https://www3.gobiernodecanarias.org/medusa/ ecoescuela/sa/que-es-situate/orientaciones-sa/)

Finalmente ofrecemos una versión de las tablas, sin anotaciones, que pretende facilitar una estructura para organizar el pensamiento y materializar el diseño curricular. Es imprescindible no pasar a emplear la segunda versión sin haber asimilado la primera. De lo contrario el proceso de diseño, en lugar de ser un lugar de creación, puede convertirse en lo contrario, una experiencia burocrática de rellenar celdas de documentos con espacios en blanco.

Esperamos que este trabajo os sea útil.

Plantilla para el diseño de situaciones de aprendizaje. (Guía didáctica)

Paso 0. Título y presentación general

Título de la situación de aprendizaje
Las "Situaciones de Aprendizaje" son experiencias que se vivencian en un contexto por lo que el título puede ser un *anuncio* que indique de forma atractiva lo que se va a vivenciar. Como en cualquier "creación", el título puede ponerse al final, cuando hayamos diseñado bien toda "la obra".
Presentación de la SdA
Breve explicación sobre lo esencial de la SdA. ¿Qué se va a aprender? ¿Por qué es adecuada? ¿En qué consiste (a grandes rasgos)?

Paso 1. Contextualización (Marco curricular y de aplicación) y presentación

	Identificación curricular y ubicación temporal		
		Trimestre/evaluación	
Ciclo formativo /curso			
Módulo	Resultados de aprendizaje de la SdA	Solo las referencias	Periodo aproximado de implementación (semanas)	Se pueden numerar las semanas del trimestre
Otros módulos vinculados	Resultados de aprendizaje de otros módulos.	Solo las referencias	Nº de sesiones	

Contexto de aplicación de la SdA

Hay que tener en cuenta la **línea pedagógica del centro**, las **decisiones pedagógicas del departamento** y, por supuesto los **destinatarios**. Las características del alumnado para el que diseñamos la Situación de Aprendizaje. Incluyendo el DUA, y otras medidas si fueran precisas.

Aquí especificamos las características de las necesidades específicas de apoyo educativo (NEAE) que tendrán que verse reflejadas en el diseño de la SdA. Podremos emplear la clasificación oficial de la siguiente tabla:

Necesidades educativas especiales derivadas de discapacidad, trastornos graves de conducta y/o trastornos graves de comunicación y lenguaje	Trastornos atencionales. TDA-H	Condiciones personales o historia escolar	Desconocimiento grave de la lengua de aprendizaje
Incorporación tardía al Sistema Educativo	Retraso madurativo	Trastornos del lenguaje y la comunicación	Vulnerabilidad socioeducativa

Medidas de atención educativa a nivel de aula. Los principios y pautas DUA

Los Principios del Diseño Universal del Aprendizaje (DUA) y las Pautas básicas que los desarrollan "no deberían aplicarse a un único aspecto del currículum ni deberían ser utilizadas sólo con unos pocos estudiantes. Lo ideal sería que las Pautas se utilizaran para evaluar y planificar los objetivos, metodologías, materiales y métodos de evaluación con el propósito de crear un entorno de aprendizaje completamente accesible para todos". Idealmente esto sería lo adecuado. Sin embargo, realizar este diseño para todas y cada una de las propuestas curriculares (en las que además se podrían simultáneamente aplicar varias pautas) sería interminable. Vamos a tener en cuenta la aplicación del DUA en función de las características generales del grupo y también de las necesidades educativas especiales que hayamos determinado en el apartado anterior para alumnos concretos. Para poder señalar qué tipo de pauta emplearemos, pondremos a continuación de la actividad de la que se trate el código correspondiente. Por ejemplo, DUA 3-2 **significará** que la actividad contará con opciones para la expresión y la comunicación diversa. (por ejemplo, por escrito o por oral o expresando el resultado gráficamente o con un podcast...)

Miguel Ángel Jiménez Rodríguez, Joana Calero Plaza, Mónica Montaño Merchán

PRINCIPIOS DUA	PAUTAS DUA		
1. **Proporcionar múltiples formas de representación.**	1.1 Proporcionar opciones para la percepción.	1.2 Proporcionar opciones para el lenguaje, expresiones, matemáticas y símbolos.	1.3 Proporcionar opciones para la comprensión.
2. **Proporcionar múltiples formas de Acción y Expresión.**	2.1 Proporcionar opciones para la acción física.	2.2 Proporcionar opciones para la expresión y la comunicación.	2.3 Proporcionar opciones para las funciones ejecutivas.
3. **Proporcionar múltiples formas de compromiso al alumnado**	3.1 Proporcionar opciones para el interés.	3.2 Proporcionar opciones para sostener el esfuerzo y la persistencia.	3.3 Proporcionar opciones para la autorregulación.

Paso 2. ¿Qué se va a aprender y qué importancia tiene?

(Los números corresponden a las indicaciones y justificaciones teóricas, que han de guiar las decisiones del diseño, presentes en la tabla)

1. **Resultados de aprendizaje del currículo y los criterios que los concretan:** Se transcriben los resultados de aprendizaje de referencia en al SdA y su concreción en criterios de evaluación

2. **Resultados de aprendizaje de la situación de aprendizaje:** Ten en cuenta que el criterio del currículo oficial (concretado en el centro) es para el final del módulo. Si el criterio no pudiera ser abordado entero en el momento del curso en el que se esté (por ejemplo, todavía necesitamos que los alumnos adquieran aprendizajes previos) describiremos en el resultado/s de aprendizaje de la SdA "exactamente" los aprendizajes que se pretendan adquirir

Si en una situación de aprendizaje trabajas únicamente con parte del resultado de aprendizaje no olvides que deberás volver, más adelante, para completarlo. Por otra parte, el resultado de aprendizaje oficial es de mínimos. Amplíalo/s si lo consideras necesario. Nunca lo reduzcas (porque es de mínimos y no es posible salvo porque estás en proceso de llegar a él como se explicaba antes). Así podrás dar cabida al segundo y tercer nivel de concreción curricular, (que corresponden a los niveles de centro y aula respectivamente). Si los criterios no se pudieran ampliar (o "reescribir") siempre añadiendo algo, el currículo sería cerrado y el mismo para todos los centros, con lo que no existiría autonomía pedagógica y libertad de enseñanza.

3.Criterios de evaluación de la situación de aprendizaje: Teniendo en cuanta los criterios de cada resultado de aprendizaje oficial y los de nuestra SdA completamos el listado de criterios que se van a tener en cuenta para definir los aprendizajes **que específicamente** cada alumno debe adquirir en esta situación de aprendizaje. Despliegan lo que implícitamente está en cada resultado de aprendizaje de la SdA.

Las evidencias

· Cuando un criterio sea complejo puede necesitar ser desglosado o concretado a su vez en evidencias, que son conductas concretas esperadas en función del proceso de enseñanza aprendizaje que planifiquemos.

· De este modo, también explicitaremos "hasta dónde" se pretende llegar en cualquier aprendizaje de forma concreta y así se podrán graduar los niveles de adquisición facilitando la construcción de instrumentos de calificación.

Para explicitar la relación entre los resultados de aprendizaje, los criterios y las evidencias emplearemos numeraciones decimales:

Resultado de aprendizaje 1/criterio1.1/Evidencias 1.1.a, 1.1.b, ...

4. La calificación (medida del grado de consecución de los aprendizajes descritos en los criterios)

En esta columna pondremos el valor en % que atribuimos a los aprendizajes que describe cada criterio.

Si solo hubiese uno, su valor sería del 100%. Es decir 10 puntos. Si hay varios, la primera decisión es atribuir valor relativo a cada uno de los resultados de aprendizaje. La suma será del 100%, 10 puntos.

Cada resultado está concretado en criterios de evaluación y a estos les damos el valor que creemos que deben tener. La suma de los criterios (siempre de la SdA) es igual al valor del resultado de aprendizaje que concretan.

Del mismo modo, las evidencias también pueden tener valores distintos por lo que la suma de los valores de las evidencias es igual al valor del indicador del que dependen.

Es un error común atribuir porcentajes de calificación a las pruebas (y decir que estos valores son los criterios de calificación) como si estas tuvieran valor por sí mismas.

La prueba *per se* no vale nada. Recibe el valor del aprendizaje que pretende evidenciar para que pueda ser evaluado. Por esa razón, si queremos saber qué valor damos a cada prueba de evaluación **deberemos asignar valores a cada uno de los aprendizajes que pretendemos** (¿Qué se va a prender?) en la SdA. **La prueba recibe el valor del aprendizaje que evalúa.**

(Currículo Oficial) Resultados de aprendizaje y criterios del currículo	Resultados de aprendizaje de la situación de aprendizaje	Criterio/s de evaluación de la situación de aprendizaje (y evidencias si fuera necesario)	La calificación, en porcentajes (medida del grado de consecución de los aprendizajes descritos en los criterios)
1	2	3	4

Paso 3 ¿Cómo se evaluarán y calificarán los aprendizajes?

3.1 La/s prueba/s de evaluación/producto final de la SdA. La evaluación inicial y la evaluación continua

La evaluación final o sumativa

· Una prueba de evaluación puede ser cualquier actividad[2] que el alumno realice (en coherencia con la acción del verbo/s del resultado de aprendizaje y sus criterios) y que permita evidenciar los aprendizajes descritos en el/los resultados de aprendizaje y sus criterio/s de evaluación. Muchas veces, la prueba de evaluación final o sumativa coincidirá con un producto que está implícito, a veces explícito, en dicho criterio/os y que, por ende, lo será de la SdA porque esta es el medio para lograr los aprendizajes.

· Normalmente, será una tarea (por la complejidad, contexto y finalidad, que coinciden con los criterios de carácter competencial) que en las SdA coincidirá con el "producto final" al que se orienta la situación diseñada.

· **La prueba será válida, si y solo si, cuando el alumno la realice y se pueda evidenciar/verificar con ella que ha adquirido los aprendizajes descritos en el criterio.** Para ello debemos poder "ver" lo que hayamos establecido en los criterios y en las evidencias empleadas para determinar mejor los aprendizajes esperados en la SdA. Si puede ser, en la misma "unidad de acción" porque esta "combinación simultánea" es propia de las competencias por definición, o en la secuencia de ejercicios, actividades o tareas que conduzcan a ella.

· La experiencia de aprendizaje, que culmina en el producto final de la **situación de aprendizaje que diseñes, será, seguramente, el mejor escenario para evaluar.** La evaluación sumativa-final será el "espejo" del resultado de aprendizaje. **La evaluación inicial**

Por supuesto, puede haber **evaluación inicial**, situada al comenzar la SdA, que no pretende calificar, sino verificar el punto de partida y orientar el trabajo de alumnado y profesorado.

Y también evaluación continua o formativa, que se realiza en el proceso para verificar cómo va el aprendizaje y poder tomar decisiones. No tiene como fin intrínseco calificar sino generar información. Sin embargo, es posible que este tipo de evaluación, necesaria, pueda ser objeto de calificación (sobre todo para garantizar el estudio y trabajo de los alumnos) tomando parte del valor absoluto que demos al criterio sobre el que estemos trabajando. (Lo veremos más claro en el siguiente paso).

El diseño de estas pruebas debe seguir la misma lógica (determinar a qué criterio se dirige la verificación del proceso siempre concretando lo que se espera en el punto en el que se esté, el criterio de la SdA es para cuando termine el tiempo de aprendizaje de dicha situación).

3.2 La calificación y sus instrumentos

· Para cada prueba/s de evaluación ¿qué instrumento/s de calificación serían el/los más adecuado/s?

· Para poder calificar con mayor objetividad, (y para poder activar todos los beneficios que tiene explicitar los criterios de calificación) diseñaremos y emplearemos instrumentos de calificación. Los principales son la rúbrica, la lista de chequeo o *check-list* y la escala de valoración.

· **Realizaremos una rúbrica** cuando los aprendizajes evidenciados en la prueba de evaluación (que nunca deberían ser ni más ni menos que los descritos en el criterio) sean un continuo ("escala de grises") y podamos determinar fácilmente las conductas esperadas por los alumnos una vez hayan realizado el proceso de enseñanza-aprendizaje que vayamos a llevar a cabo (por ejemplo, no podemos esperar lo mismo si a algo se le ha dedicado poco o mucho tiempo). Las filas de las rúbricas serán los indicadores y las evidencias nos servirán para construir las columnas de las tablas rellenando las celdas con descripciones concretas de las conductas esperadas. Si no podemos describir las conductas esperadas con precisión, pero sí qué vamos a evaluar mediante los indicadores estableciendo una gradación de mucho a nada, de muy bien a mal o muy mal, o cualquier otra escala, el instrumento que tendremos **será una escala de valoración.**

· Si los aprendizajes que vamos a evaluar se pueden diferenciar dicotómicamente (sí/no; conseguido /no conseguido) lo mejor es que empleemos **una lista de control o de chequeo. (check-list).**

· Como decíamos antes, emplearemos **la escala de valoración** cuando no sea sencillo concretar las conductas que esperamos (por ejemplo, cuando la solución de un problema o situación sea divergente y varias sean posibles). **Se indicarán los aspectos a valorar y se establecerá la escala en que estos serán valorados, pero no "qué significa" en términos de resultados o conductas observables, evidencias, cada valoración posible.**

· El instrumento más adecuado en cada caso se asocia a la prueba de evaluación concreta y emplea los criterios y las evidencias que se han descrito en el punto 2 y el **valor que tendrá ya ha sido determinado en el paso 2 (por medio del valor/importancia atribuida a los aprendizajes).**

· **El valor de cada prueba, como se ha dicho, depende del valor del aprendizaje que pretende poner en evidencia.** Recuerda que, por sí misma, la prueba no tiene valor, lo obtiene del aprendizaje que evidencia.

· - Los instrumentos de calificación (rúbricas, listas de chequeo, escalas de valoración, ...) emplearán los criterios y las evidencias como instrumentos esenciales para su construcción y evitarán incluir otros que no formen parte de los aprendizajes descritos en los criterios (pues normalmente, no deben ser evaluados aspectos que no han sido objeto de enseñanza-aprendizaje). Cuidado con las rúbricas, listas de chequeo, escalas... estandarizadas. Valoramos los aprendizajes adquiridos en función del proceso concreto que **los alumnos han llevado a cabo y no sobre la descripción de la conducta óptima. Este es un error común que lleva a comparar al alumno con características que no han sido objeto de enseñanza, o lo contrario, ya han sido conseguidas, por lo que no valoran aprendizaje alguno.**

3.3 Sistema de evaluación (inicial, continua-formativa y final): Aprendizajes, pruebas e instrumentos de calificación.

En este cuadro indicaremos los aprendizajes que verificaremos en cada momento y el tipo de evaluación.

Evaluación inicial	Evaluación continua-formativa

Aprendizajes a evaluar	Criterio de referencia	Prueba	Inst. de calificación	Aprendizajes a evaluar	RA/Criterio de referencia	Prueba	Instrumento de calificación	Valor de la evaluación continua con respecto al RA/criterio de referencia
(texto)								

Evaluación final /sumativa

Saberes/aprendizajes	RA o Criterio/s que evalúa	Prueba/producto final	Instrumento de calificación	Valor en la situación de aprendizaje

Paso 4. Los contenidos

Contenidos (conocimientos, destrezas y actitudes) del currículo oficial *y los necesarios para completar los aprendizajes descritos* en el criterio/s de evaluación de la situación de aprendizaje	Módulo
· Los contenidos curriculares se encuentran en el anexo I del currículo oficial, siendo necesarios para que los aprendizajes descritos en el criterio-s se puedan llevar a cabo. · Se encuentran organizados por bloques temáticos dando respuesta cada bloque a un RA concreto. Este contenido se encuentra asociado a las competencias profesionales, personales y sociales que viene reflejadas en el título profesional en su capítulo II. · Al igual que los resultados de aprendizaje del currículo oficial, **los contenidos no son lo único que los alumnos tienen que aprender.** Siempre es posible (y necesario porque el fin de la educación es llevar a los alumnos al máximo de sus posibilidades) añadir otros contenidos. Estos deberán estar, por supuesto, **implícitos y exigidos por los aprendizajes del resultado/s elegido/s en la situación de aprendizaje,** razón por la que es necesario, también, ampliar los criterios si estos contenidos no estuvieran implícitos claramente en el criterio. Esto tiene lógica en la estructura sistémica del curriculum. **Cuando se modifica un elemento suele ser necesario modificar los demás.** · **Al igual que en los resultados de aprendizaje, los contenidos que exige la SdA pueden pertenecer a otros módulos** · Los contenidos que sean necesarios en la SDA y no estén en el curriculum los denominaremos **complementarios.** Si el centro en su concreción curricular ha establecido una clasificación pondremos las referencias correspondientes.	

Paso 5: Secuenciación didáctica: temporalización, contenidos, metodología/secuencia de actividades, agrupamientos, espacios, recursos y la referencia al DUA

Explicamos en la tabla siguiente los criterios con los que completaremos la secuencia didáctica del paso 5

- Este apartado **recoge el fruto de las decisiones anteriores y las convierte en una secuencia didáctica de enseñanza-aprendizaje.**

- Responde al resto de cuestiones esenciales de la Didáctica. *Tales como: CUÁNDO, QUÉ, CÓMO y con QUÉ MEDIOS van a aprender los alumnos* (distinto de cómo vamos a enseñar).

- Relaciona, **sobre la variable temporal,** los contenidos, las actividades formativas (regidas por las metodologías o los ejercicios, actividades y tareas propuestos), el tipo de agrupamiento, los espacios, los recursos (materiales y humanos) y las pautas DUA en su caso.

- También recordaremos **el resultado de aprendizaje o criterio al que se dirige** cada una de las acciones formativas propuestas.

- Finalmente reservamos una columna para poder, potencialmente, en cada una de ellas, asignar el **código correspondiente a las pautas DUA.**

- Incluiremos **todas las actividades que sirvan para aprender,** lo que **incluye las tareas que se planteen para realizar fuera del aula,** en particular los denominados *deberes,* por parte del alumnado (de lo contrario estaríamos programando nuestro trabajo y no el del alumno que es el protagonista del aprendizaje).

- Y las que tengan por **finalidad verificar/evaluar los aprendizajes** (ya sea en la evaluación inicial, continua o formativa o sumativa o final). En este momento no podemos entrar en detalles en aras de la claridad del diseño general de la SdA. Posteriormente habrá que especificar mejor cada sesión, que necesitara de un desarrollo más específico en cada uno de los elementos que entran en juego y que figurarán en los anexos cuando sea oportuno.

Temporalización	De forma general. En sesiones (o parte de ellas). Para cada paso de la secuencia de ejercicios, actividades o tareas de la metodología elegida
Contenidos	Son los que se han decidido en el paso 4. · En este caso se sitúan en la secuencia como "objeto" de aprendizaje. Para mayor claridad podemos copiarlos. · Los contenidos enunciados en el curriculum y los complementarios deben ser concretados, pues, a menudo, aparecen de forma muy general en él y ahora **necesitamos saber exactamente qué va a aprender el alumno** (sean conceptos, procedimientos o actitudes) que sean precisos para que se adquieran los aprendizajes necesarios en la SdA. · En ocasiones estos contenidos deben abordarse juntos para que una acción formativa sea posible (Por ejemplo: si el saber es "ser crítico" lo lógico es que se sea con "algo" que puede ser un concepto, un procedimiento o una actitud).
Metodología/ secuencia de acciones formativas	· La metodología es un **sistema de actividades** determinado. · **Nunca es arbitraria** ni vale por sí misma, pues no todas sirven de la misma manera. Ha de elegirse siempre la que mejor se alinee con los resultados de aprendizaje que se pretendan conseguir y también con las características de los alumnos, donde entran en juego los principios DUA, el estilo docente, el tiempo y los recursos disponibles. · En muchas ocasiones el resultado de aprendizaje nos va a señalar claramente cuál es la metodología que debemos elegir pues el verbo, que señala la acción o el conjunto de circunstancias/finalidades (para las que se emplean frecuentemente verbos en gerundio, adjetivos o adverbios), indican el modo en que las acciones del criterio deben llevarse a cabo y, por tanto, cómo deben ser aprendidas para que esto sea posible y coherente. Son sistemas de actividades con estructuras reconocibles por los profesionales y la comunidad científica, por ejemplo: · Los proyectos y los proyectos de comprensión. · Aprendizaje basado en problemas. · Estudio de casos. · Debates. · Simulación y role playing. · Aprendizaje por rincones. · Aprendizaje por contrato. · Rincones y contratos combinados. · Aprendizaje por tareas. · Aprendizaje basado en retos. · Aprendizaje servicio. · Aprendizaje experiencial. · Web Quest · Design Thinking. · Aprendizaje basado en el pensamiento y rutinas de pensamiento. · Clase invertida o Flipped Classroom. · Gamificación. · Escape Room educativo. · Aprendizaje cooperativo · Estructuras cooperativas simples (Spencer Kagan) · Empleo de herramientas y recursos TICs integrados en las metodologías (incluida la IA) · Círculo y asamblea. · Centros de interés. · Talleres. · Exposiciones. · Tertulias dialógicas. · Seminario clásico. · Tutorías (como método de aprendizaje personalizado). · Otras · En el caso de que no empleemos ninguna de estas metodologías, sino que optemos por generar una secuencia de ejercicios, actividades y/o tareas, describiremos en qué consisten para que cualquier profesional pudiera llevarlas a cabo con el alumnado.

· Incluiremos en la secuencia las actividades que los alumnos deban realizar en casa de forma individual o en equipo. Esto es esencial para racionalizar los "deberes" e integrarlos en el proceso, teniendo en cuenta el trabajo "extra-escolar" que se manda y teniendo el centro educativo como lugar privilegiado para el aprendizaje. Aun así, estas tareas son, en muchos casos, irrenunciables. Son esenciales cuando se trabaja con metodologías como la clase invertida y se deben programar y enseñar pues son parte esencial del "enseñar a aprender" que complementa al "aprender a aprender" que es una de las competencias sistémicas más inclusivas y relevantes en la vida de los estudiantes.

· En todo caso, sería interesante que el profesorado llegar a concretar acuerdos para no sobrecargar los tiempos "fuera del aula" tendiendo al aprendizaje profundo y no a un continuo de tareas cuyo fin último sea ser entregadas.

· Consideramos que las actividades (ejercicios, actividades o tareas) que propongamos como pruebas de evaluación tanto inicial, como formativa o sumativa, tienen un enfoque educativo (aunque nos permitan calificar) y por eso forman parte de la secuencia didáctica. A menudo, tanto la realización como el análisis posterior, especialmente de los errores o el feedback del profesor o de los compañeros es una ocasión privilegiada para el aprendizaje. Esto justifica su inclusión en la secuencia, aunque su finalidad se amplíe a la evaluación.

· Cuando la actividad sea empleada para evaluar habrá sido establecida en el paso 3 y lo señalaremos en esta tabla en la columna RA/Crit/(EVAL) escribiendo (Eval) en la fila correspondiente.

· La SdA tiene también su "narrativa propia" ya que no deja de ser una experiencia de aprendizaje. Dicha narrativa va a mandar sobre las propuestas didácticas. Si no lo hacemos así, la SdA será "un tema del que hablamos" pero no una experiencia que hace necesaria y da sentido a cada actividad que realizamos.

Debemos tender a la *simplicidad en el diseño de las tareas eligiendo las más oportunas para que haya tiempo y sean significativas*. Aun así, la estructura general de la secuencia didáctica clásica nos puede servir de inspiración (aunque de manera natural una SdA nos brinda muchos de estos pasos). Lo reproducimos aquí para que sirva de apoyo.

		Fase		Descripción de actividades y tareas
Metodología/ secuencia de acciones formativas	Inicio		Motivar y movilizar	Actividades para orientar al alumnado al nuevo aprendizaje. Actividades y tareas a modo de **introducción** y **motivación** al tema o contenidos a trabajar en la SdA, actividades para la **contextualización** y que doten de significado a la SdA. Presentación de la situación de aprendizaje, los objetivos y el producto a realizar.
			Activar	Actividades de detección de ideas previas o activación de **conocimientos previos** sobre los contenidos relacionados con la SdA. Análisis de situaciones, acciones o personas de su entorno más cercano a través de la observación y reflexión a partir de imágenes, videos, textos, etc. ¿Incorporamos alguna rutina de pensamiento u organizador gráfico de ideas?
	Desarrollo		Explorar	Tareas o actividades que componen esta sección: actividades de **investigación, valoración** de fuentes, localización de la **información**, elaboración de trabajos que sirvan para aprender - Reflexión y análisis por medio de preguntas, rutina de pensamiento u organizador gráfico de ideas, etc.
			Estructurar	Descripción de las tareas o actividades que componen esta sección: actividades de análisis, **estructuración**. - Reflexión y conclusiones de forma cooperativa. ¿Qué **pasos** se deben llevar a cabo para elaborar el **producto** final teniendo en cuenta la información obtenida? Elaboración del producto o solución del reto siguiendo los pasos: - Trabajo individual previo al producto. - Puesta en común mediante grupos de trabajo. - Elaboración del producto o solución del reto de forma cooperativa.
	Cierre		Aplicar y comprobar	Descripción de las tareas o actividades que componen esta sección: **presentación** del producto final y su posible **aplicación**. - Presentación o exposición del resultado. - Valoración individual (autoevaluación) y cooperativa (coevaluación) ¿Evaluamos el proceso? ¿Cómo? ¿Evaluamos el resultado? ¿Cómo?
			Concluir	Descripción de las tareas o actividades de **reflexión** o cierre a modo de **resumen, síntesis, extrapolación** a otros contextos y **consolidación** de aprendizajes. ¿Qué actividades o tareas planteas a modo de conclusión? ¿Audiovisual, TIC, gamificación, rutina de pensamiento, ¿organizador gráfico de ideas...? - Preguntas de repaso. - Mapa conceptual. ¿Qué actividades o tareas planteamos para **metacognición**? ¿Y si...? Proyección en otras aulas, centro escolar, barrio, localidad, prensa, internet...

Agrupamiento	Para cada actividad determinaremos el tipo de **agrupamiento**: Individual (IND) Parejas (PAR) Pequeño grupo (PG) Gran grupo (GG)
Espacio	Para cada actividad estableceremos el **espacio** en el que se ha de realizar la actividad. En nuestra arquitectura escolar el aula es el más frecuente, pero podemos emplear **el centro y sus diferentes espacios** haciéndolos más polivalentes (pasillos, comedor, patios, salón de actos, ...) que muchas veces reducimos a un uso único y ocasional. Especial mención tienen los espacios extraescolares como son la **"casa"**, donde se realizan las actividades que denominamos "deberes". También es importante pensar en que el contexto (**la ciudad, el barrio, el pueblo, ...**) ofrece multitud de oportunidades para el aprendizaje que a menudo no activamos.
Recursos	En esta columna señalaremos los **recursos materiales** que necesitamos sean estos analógicos o digitales y también podemos señalar **los humano**. Omitiremos "profesor" porque lo damos por hecho, pero sí pueden ser otros docentes (codocencia), expertos externos, padres o tutores, voluntarios en comunidades de aprendizaje, alumnado de prácticas que puede tener un papel relevante en las actividades y señalaremos la ubicación de los anexos en caso de que los haya...
Crit/Ind (EVAL)	- En esta columna estableceremos sobre **qué RA o criterio estamos incidiendo**. - Si la actividad sirve de evaluación pondremos además "(Eval.)" para indicar que se trata de una actividad de evaluación referida al RA o criterio/s correspondiente/s. - También podemos señalar el agente: si la evaluación la realiza el alumno, autoevaluación (**Aut**), Si es por pares, coevaluación (**Coev**) o si la realiza el profesor u otro agente formador (por ejemplo, un experto que haya formado parte de la SdA) que será heteroevaluación (**Hetev**). En ocasiones podemos emplear más de una de forma simultánea para poder contrastarlas y sacar conclusiones.
DUA	Señalaremos, según el cuadro del paso 1 (criterios y pautas DUA) qué tipo de adaptación proponemos en las actividades que así lo requieran teniendo en cuenta la contextualización que hemos realizado y las características del alumnado al que va dirigida la SdA.

Paso 6. Evaluación de la práctica docente y propuestas de mejora

Indicadores	Valoración cualitativa	Propuestas de mejora
La SdA y su relación con el currículo		
La SdA y su capacidad para generar experiencias valiosas, motivadoras y funcionales		
El análisis del contexto (personas tiempo, recursos disponibles) y adaptaciones DUA realizadas.		
El sistema de evaluación (inicial, formativa y sumativa) y de calificación		
Gestión del tiempo		
Metodologías/actividades propuestas		
Coordinación entre docentes		
Clima de aula generado		
Otros		

Plantilla para el diseño de situaciones de aprendizaje

Tabla 1: Título de la SdA

Presentación de la SdA

Tabla 2 Marco curricular y contexto de aplicación		
Identificación curricular y ubicación temporal		
Ciclo formativo /curso	Unidades de competencia de la SdA	Trimestre/evaluación
Módulo	Resultado de aprendizaje de la SdA	Periodo aproximado de implementación (semanas)
Otros módulos vinculados	Resultados de aprendizaje de otros módulos	Nº de sesiones
Contexto de aplicación de la SdA		

Tabla 3 ¿Qué se va a aprender en al SdA y qué importancia tiene cada aprendizaje?				
Resultados de aprendizaje del currículo y los criterios que los concretan.	Resultados de aprendizaje de la situación de aprendizaje	Criterio/s de evaluación de la situación de aprendizaje	Indicadores y evidencias	La calificación (medida del grado de consecución de los aprendizajes descritos en los criterios)

Tabla 4 El sistema de evaluación. ¿Cómo se evaluarán y calificarán los aprendizajes?

Evaluación inicial				Evaluación continua-formativa				
Aprendizaje a evaluar	Criterio de referencia	Prueba	Inst. de calificación	Aprendizajes a evaluar	RA/Criterio de referencia	Prueba	Instrumento de calificación	Valor de la evaluación continua con respecto al criterio de referencia

Evaluación final /sumativa

Aprendizajes a evaluar	Criterio/s que evalúa	Prueba/producto final	Instrumento de calificación	Valor en la situación de aprendizaje

Tabla 5. Los Contenidos

Módulo

66   Miguel Ángel Jiménez Rodríguez, Joana Calero Plaza, Mónica Montaño Merchán

Tabla 6. Secuencia didáctica de cada una de las sesiones de trabajo						Sesión nº:	
Contenidos didácticos	Metodología/Acciones formativas/Actividades	Agrup.	Espacio	Recursos	Crit/Ind (Eval)	Ref DUA

Tabla 7. Evaluación de la práctica docente y propuestas de mejora		
Indicadores	Valoración cualitativa	Propuestas de mejora
La SdA y su relación con el currículo		
La SdA y su capacidad para generar experiencias valiosas, motivadoras y funcionales		
El análisis del contexto (personas tiempo, recursos disponibles) y adaptaciones DUA realizadas.		
El sistema de evaluación (inicial, formativa y sumativa) y de calificación		
Gestión del tiempo		
Metodologías/actividades propuestas		
Coordinación entre docents		
Clima de aula generado		
Otros		

Plantilla síntesis					
SdA Nº		Título:		Módulo:	Curso:
	Los aprendizajes				La evaluación
Resultado/s de Aprendizaje y Criterios del currículo	Resultados de aprendizaje de la situación de aprendizaje	Criterio/s de evaluación SdA	Valor en %	Instrumentos o pruebas de Evaluación	Instrumentos de Calificación
La secuencia didáctica					

Las situaciones de aprendizaje en FP en la especialidad de Intervención Socio-comunitaria 67

Ev. actividad docente y propuestas de mejora

	Saberes/aprendizajes	Metodología/ Acciones formativas	Agrup.	Espacio	Recursos	Crit/Ind (EVAL)	DUA

Miguel Ángel Jiménez Rodríguez, Joana Calero Plaza, Mónica Montaño Merchán

CAPÍTULO 5
Situación de aprendizaje correspondiente al ciclo formativo de grado superior Técnico/a en Integración Social

Tabla 1. "Más Allá del Espejo: Explorando la Desigualdad para Proyectar la Igualdad"
Presentación de la SdA
La igualdad de género constituye un pilar esencial en el ámbito de la intervención social y está respaldada por un sólido marco normativo a nivel nacional e internacional. Sin embargo, su implementación en proyectos de intervención requiere no solo el conocimiento de la legislación vigente, sino también un análisis crítico de la realidad social, el uso de herramientas inclusivas y la aplicación de estrategias efectivas que permitan prevenir la discriminación y fomentar la equidad.
Esta Situación de Aprendizaje (SdA) tiene como finalidad proporcionar al alumnado del Ciclo Formativo de Grado Superior de Integración Social las competencias necesarias para integrar la perspectiva de género en el diseño y planificación de proyectos de intervención social. Para ello, se abordarán tanto los aspectos normativos que sustentan la igualdad de oportunidades, como las estrategias prácticas que favorecen su aplicación en contextos reales. Así pues, la presente Situación de Aprendizaje se fundamenta en un enfoque metodológico activo y participativo, que sitúa al alumnado como protagonista de su propio aprendizaje. Dado que la integración de la perspectiva de género en la intervención social requiere tanto conocimientos teóricos como habilidades prácticas, se han diseñado actividades que combinan el análisis crítico, la investigación, la creatividad y la reflexión colectiva.
A través de esta metodología activa, el alumnado adquirirá herramientas para diseñar proyectos que contribuyan a la igualdad de género, fomentando el pensamiento crítico y la toma de decisiones con un enfoque inclusivo, promoviendo así una intervención social más justa y eficaz. Este enfoque metodológico no solo garantiza la adquisición de conocimientos sobre igualdad de género y su aplicación en proyectos sociales, sino que también promueve habilidades transversales como el pensamiento crítico, la argumentación fundamentada y la comunicación efectiva. Además, el uso de recursos digitales y materiales visuales favorece un aprendizaje accesible y adaptado a la diversidad del alumnado, alineándose con los principios del Diseño Universal para el Aprendizaje (DUA).

Tabla 2. Marco curricular y contexto de aplicación

Identificación curricular y ubicación temporal

	Unidades de competencia de la SdA	Competencias profesionales, personales y sociales vinculadas con la SDA	Trimestre/ evaluación	1º Trimestre / 1ª evaluación
Ciclo formativo /curso	Grado Superior de Integración Social / 1º curso	UC1026_3: Incorporar la perspectiva de género en los proyectos de intervención social.		
		a) Elaborar proyectos de integración social, aplicando la normativa legal vigente e incorporando la perspectiva de género. d) Programar actividades de integración social, aplicando los recursos y estrategias metodológicas más adecuadas. e) Diseñar y poner en práctica actuaciones para prevenir la violencia doméstica, evaluando el desarrollo de las mismas.		
Módulo	Metodología de la Intervención Social (0344)	Resultados de aprendizaje de la SdA	Periodo aproximado de implementación (semanas)	5 semanas (mes de octubre)
		[RA 4]: Incorpora la perspectiva de género en la elaboración de los proyectos de intervención social, relacionando las estrategias y criterios utilizados con el marco teórico y legal vigente.		
Otros módulos vinculados		Resultados de aprendizaje de otros módulos.	Nº de sesiones	10 (2 horas cada sesión)

70   Miguel Ángel Jiménez Rodríguez, Joana Calero Plaza, Mónica Montaño Merchán

Contexto de aplicación de la SdA

El alumnado está en un entorno formativo donde el análisis de la realidad social y la elaboración de proyectos de intervención son parte fundamental de su formación. Se ha identificado la necesidad de incluir la perspectiva de género para promover la igualdad de oportunidades entre hombres y mujeres, en concordancia con el marco legislativo vigente.

El centro educativo en que se ha desarrollado la situación de aprendizaje se encuentra en un municipio de la Ribera Alta con más de 24.000 habitantes. El instituto imparte enseñanzas de secundaria, bachillerato y ciclos formativos de las familias profesionales de informática y de servicios socioculturales y a la comunidad, tales como Ciclo Formativo de Grado Medio de Atención a las personas en situación de Dependencia, el Ciclo Formativo de Grado Superior de Educación Infantil y Ciclo Formativo de Grado Superior de Integración Social.

La economía familiar de la que depende el alumnado destinatario es básicamente agrícola (viven de los cultivos de cítricos y caqui).

El grupo al que va dirigida la Situación de Aprendizaje es al alumnado de 1º ciclo de grado Superior de Integración Social. Se trata de un grupo de 22 estudiantes con edades comprendidas entre los 18 y 45 años. Solo hay 3 chicos en el aula, el resto son chicas. Entre el alumnado no hay nadie con NEAE y se trabaja principalmente en grupos cooperativos para cubrir las diferentes motivaciones y capacidades, así como sus intereses.

Tabla 3. ¿Qué se va a aprender en al SdA y qué importancia tiene cada aprendizaje?

(Los números corresponden a las indicaciones y justificaciones teóricas, que han de guiar las decisiones del diseño, presentes en la tabla)

1. Resultados de aprendizaje del currículo y los criterios que los concretan.

RA 4. Incorpora la perspectiva de género en la elaboración de los proyectos de intervención social, relacionando las estrategias y criterios utilizados con el marco teórico y legal vigente.

Criterios de evaluación:

a) Se ha argumentado la importancia del análisis de la realidad desde la perspectiva de género.

b) Se ha argumentado la necesidad de incorporar la perspectiva de género en la elaboración de los proyectos de intervención social.

c) Se ha interpretado el marco legislativo que promueve la igualdad de oportunidades.

d) Se ha analizado la información y los recursos de las instituciones y organismos de igualdad que existan en el entorno de la intervención.

e) Se han identificado los criterios para incorporar la perspectiva de género en los proyectos.

g) Se ha asegurado el uso no sexista del lenguaje en la planificación de los proyectos de intervención social.

h) Se han identificado las estrategias para incorporar la perspectiva de género en los instrumentos de promoción y difusión.

i) Se han identificado las principales manifestaciones de violencia de género como un reflejo de la desigualdad entre hombres y mujeres.

2. Resultados de aprendizaje de la situación de aprendizaje

RA 4.

3. Criterios de evaluación de la situación de aprendizaje:

a), b), c), d), e), g), h) y i)

Evidencias

a) Explica, en un informe o debate, cómo la perspectiva de género influye en la comprensión de la realidad social en un caso concreto.

b) Justifica, en la planificación de un proyecto, la importancia de incluir medidas que fomenten la igualdad de género

c) Resume y aplica las leyes de igualdad en el diseño de una intervención social

d) Identifica y describe los recursos disponibles en su comunidad para la promoción de la igualdad de género

e) Incluye criterios de igualdad en una propuesta de intervención social

g) Presenta un proyecto que incorpora el lenguaje inclusivo y no sexista

h) Proponen materiales de sensibilización con enfoque de igualdad de género

i) Se analizan los materiales audiovisuales acerca de la violencia de género y se explica su relación con la desigualdad entre hombres y mujeres

4. La calificación (medida del grado de consecución de los aprendizajes descritos en los criterios)

Este módulo tiene un porcentaje total del 100%, siendo el valor del Resultado de Aprendizaje el 15%.

(Currículo Oficial) Resultados de aprendizaje y criterios del currículo	Resultados de aprendizaje de la situación de aprendizaje	Criterio/s de evaluación de la situación de aprendizaje (y evidencias si fuera necesario)	La calificación, en porcentajes (medida del grado de consecución de los aprendizajes descritos en los criterios)
RA 4. Incorpora la perspectiva de género en la elaboración de los proyectos de intervención social, relacionando las estrategias y criterios utilizados con el marco teórico y legal vigente.	RA 4. Incorpora la perspectiva de género en la elaboración de los proyectos de intervención social, relacionando las estrategias y criterios utilizados con el marco teórico y legal vigente.	a) Se ha argumentado la importancia del análisis de la realidad desde la perspectiva de género.	15%
		b) Se ha argumentado la necesidad de incorporar la perspectiva de género en la elaboración de los proyectos de intervención social.	15%
		c) Se ha interpretado el marco legislativo que promueve la igualdad de oportunidades.	10%
		d) Se ha analizado la información y los recursos de las instituciones y organismos de igualdad que existan en el entorno de la intervención.	15%
		e) Se han identificado los criterios para incorporar la perspectiva de género en los proyectos.	15%
		g) Se ha asegurado el uso no sexista del lenguaje en la planificación de los proyectos de intervención social.	10%
		h) Se han identificado las estrategias para incorporar la perspectiva de género en los instrumentos de promoción y difusión.	10%
		i) Se han identificado las principales manifestaciones de violencia de género como un reflejo de la desigualdad entre hombres y mujeres.	10%

Tabla 4. El sistema de evaluación. ¿Cómo se evaluarán y calificarán los aprendizajes?

En este cuadro indicaremos los aprendizajes que verificaremos en cada momento y el tipo de evaluación.

	Evaluación inicial				Evaluación continua-formativa			
Aprendizajes a evaluar	Criterio de referencia	Prueba	Inst. de calificación	Aprendizajes a evaluar	RA/Criterio de referencia	Prueba	Instrumento de calificación	Valor de la evaluación continua con respecto al RA/Criterio de referencia
Conocimientos previos sobre perspectiva de género y violencia de género.	Identifica conceptos básicos relacionados con la igualdad de género y violencia de género.	Cotejo sobre la aproximación a la realidad de la igualdad de género.	Lista de cotejo (Anexo 1)	Identificación de desigualdades de género en el análisis de la realidad social.	a)	Debate y reflexión grupal a partir de la realización de una dinámica.	Rubrica de evaluación (Anexo 2)	15%
				Detección de la importancia consideración de incorporar la perspectiva de género en la elaboración de proyectos sociales.	b)	Cumplimentación de preguntas guiadas	Rubrica de evaluación (Anexo 4)	15%
				Interpretación del marco legislativo.	c)	Ficha informativa y puesta en común sobre la normativa vigente.	Rúbrica de evaluación (Anexo 6)	10%
				Análisis de recursos e instituciones de igualdad. d) Elaboración de una ficha de análisis de los recursos encontrados.	15%			
				Análisis de cómo la desigualdad estructural influye en la perpetuación de la violencia de género.				
				i) Información recogida en la herramienta didáctica interactiva (Padlet)	15%	Rúbrica de evaluación (Anexo 7)		
				Demuestra la importancia del lenguaje inclusivo, aplicando la redacción de los instrumentos de difusión.	15%	Lista de control (Anexo 9)		
				g), h) Slogans y anuncios publicitarios analizados que incluyan la perspectiva de género.	10%	Rúbrica de evaluación (Anexo 10)		
				Identificación de las principales formas de violencia de género.				
				g) Exposición de los proyectos por equipos ante el grupo clase.	10%	Checklist (Anexo 12)		

Saberes/aprendizajes	RA o Criterio/s que evalúa	Análisis de proyectos de igualdad de género, considerando los criterios esenciales para su desarrollo.	e)	Presentación del proyecto refiriendo sus elementos esenciales.	Checklist (Anexo 12)	10%
		Evaluación final /sumativa				
	RA o Criterio/s que evalúa			Prueba/producto final	Instrumento de calificación	Valor en la SdA
Identificación de criterios de perspectiva de género en proyectos sociales.	a), b), c), d), e), g), h), i)			Presentación del Proyecto de intervención social realizado sobre igualdad/ perspectiva de género.	Rúbrica de evaluación (Anexo 13)	15% (del Módulo global)

Tabla 5.- Los contenidos

Contenidos a trabajar (conocimientos, destrezas y actitudes) del currículo oficial y *los necesarios para completar los aprendizajes descritos* en el criterio/s de evaluación de la situación de aprendizaje	Módulo
Análisis de la realidad desde la perspectiva de género.	0344
La perspectiva de género en el diseño de proyectos de intervención social.	0344
Marco legal de la igualdad de oportunidades. Normativa aplicable en la Comunidad Valenciana. Análisis de legislación aplicada en otros países de nuestro entorno.	0344
Análisis de diferentes recursos y/u organismos que promueven la igualdad entre mujeres y hombres.	0344
Protocolos internacionales para la intervención/acción de acciones promotoras de la igualdad entre hombres y mujeres. Guías y manuales de lenguaje no sexista.	0344
Incorporación de la perspectiva de género en la elaboración de los instrumentos de promoción y difusión.	0344
La violencia de género. Factores. Manifestaciones y consecuencias.	0344

Las situaciones de aprendizaje en FP en la especialidad de Intervención Socio-comunitaria **75**

Tabla 6. Secuencia didáctica de cada una de las sesiones de trabajo

	Contenidos didácticos	Metodología/Acciones formativas/Actividades	Agrup.	Espacio	Recursos	Crit/Ind (EVAL)	Sesión nº: 1 Rompiendo Estereotipos: el Género en nuestra realidad social DUA
(2 horas) 15' Inicio		Presentación de la sesión y organización de las actividades a realizar. Reflexión inicial con lluvia de ideas. •Pregunta detonante: *¿Cómo influye el género en nuestra vida cotidiana?* Se escriben las ideas en post-it y, a medida que se comentan, se pegan en un mural. Como feedback a las ideas recogidas, se realiza una contextualización teoría, con ejemplos prácticos, sobre la importancia del análisis de la realidad con perspectiva de género.	GG IND	Aula	Post-it Cartulina. Lista de cotejo conocimientos previos (Anexo 1) Dispositivo electrónico. Proyector. Presentación digital.		1.1. 1.3. 3.1.
60' Estereotipos de género	-Análisis de la realidad desde la perspectiva de género.	Debate sobre la importancia del análisis de la realidad desde una perspectiva de género a partir de la realización de una dinámica sobre estereotipos y roles de género. Se les presenta al alumnado, por grupos, una dinámica sobre palabras de profesiones, cualidades, etc. de las personas. Deben pensar a nivel individual y también a nivel social, a qué género se atribuyen estas profesiones, cualidades, etc. Reflexión por equipos de trabajo sobre la asignación de género en los roles y recogida de las reflexiones en la aplicación MIRO. https://www.www.miro.com	PG (4/5 pers.)	Aula	Tarjetas con nombres de profesiones, cualidades y roles de género. Ordenador o dispositivo electrónico, acceso a internet. Herramienta didáctica interactiva (miro)	a)	1.2. 1.3. 2.2. 2.3.
30' Análisis de noticias		Lectura y análisis, por equipos, de tres noticias de prensa relacionadas con desigualdad de género. Posteriormente, se recoge la información en una Padlet, para que pueda ser proyectado con la recogida de información de todos los equipos en la puesta en común. Finalmente se presentan las ideas recopiladas en el Padlet en gran grupo y se plantea una discusión sobre los estereotipos y roles de género y el impacto que las atribuciones tienen en la intervención social actual a partir del análisis realizado.	PG (4/5 pers.) GG	Aula	Noticias de prensa. Dispositivo electrónico, internet. Herramienta didáctica interactiva (Padlet) **Rúbrica de evaluación** (Anexo 2)		3.1. 3.2.
15' Cierre y refebión		Cada estudiante recoge, a través de una síntesis de contenidos, las ideas clave a modos de resumen. Pregunta detonadora: *¿cómo podemos evitar reproducir estos estereotipos abordados en la sesión de hoy en nuestra labor profesional como integradores sociales?* Las ideas recopiladas se pasarán al Padlet para que puedan ser visualizadas por todo el grupo clase.	IND	Aula	Dispositivo electrónico Herramienta didáctica interactiva (Padlet)		2.2. 2.3. 3.3.

Tabla 6. Secuencia didáctica de cada una de las sesiones de trabajo

Sesión nº: 2. Analizando la perspectiva de género para construir Proyectos Inclusivos en Intervención Social

Contenidos didácticos		Metodología/Acciones formativas/Actividades	Agrup.	Espacio	Recursos	Crit/Ind (EVAL)	DUA
- Análisis de la realidad desde la perspectiva de género. - La perspectiva de género en la elaboración de los proyectos de intervención social.	Contextualización 15' (2 horas)	Repaso de las ideas clave de la sesión anterior. Presentación de la sesión y de los objetivos de las actividades a realizar. Breve introducción sobre la importancia del análisis de la realidad con perspectiva de género. Reflexión inicial con lluvia de ideas. · Pregunta detonante: ¿por qué consideráis que es importante aplicar la perspectiva de género en los proyectos de intervención social?	GG IND	Aula	Presentación digital con esquemas visuales. Ordenador o dispositivo electrónico. Proyector.		1.1. 1.3. 3.1.
	Estereotipos y roles de género 60'	Se les presenta al alumnado la proyección de unos vídeos sobre las olas feministas y los estereotipos y roles de género. Deben trabajar a nivel grupal, lo siguiente: · Explicar el contenido de cada uno de los vídeos de forma sintetizada. · Relacionarlo con experiencias propias o casos reales. · Plantear cómo aplicarían lo aprendido, ante estos casos, en su práctica profesional, valorando la viabilidad de aplicación en el ámbito laboral de su competencia.	PG (4/5 pers.)	Aula	Selección de vídeos breves, proyector y recursos audiovisuales. Ordenador o dispositivo electrónico, acceso a internet.		1.2. 1.3. 2.2. 2.3.
	Debate guiado 30'	A continuación, se comparten las reflexiones de cada uno de los equipos de trabajo con el resto del grupo clase. Para finalizar, de forma individual, se cumplimentan unas preguntas dirigidas (Anexo 3). Una vez cumplimentadas, se comentan las preguntas dirigidas en alto y se resuelven dudas sobre los conceptos trabajados en los vídeos y la importancia de tenerlos en consideración para la elaboración de proyectos sociales, con el fin de introducirlos en la actividad final relacionada con la elaboración de un proyecto de intervención social.	GG	Aula	Rúbrica de evaluación sobre la información recogida en las preguntas dirigidas (Anexo 4)	a) b)	3.1. 3.2.
	Cierre y reflexión 15'	Para finalizar, cada estudiante recoge, a través de una síntesis de contenidos, las ideas clave abordadas en la sesión a modos de resumen partiendo de la siguiente pregunta final: ¿cómo podemos evitar reproducir estos estereotipos abordados en la sesión de hoy en nuestra labor profesional? Las ideas recopiladas se recogerán de forma individual en un mapa conceptual. Se les anima a emplear el uso de alguna herramienta TIC para su elaboración. Los criterios para la elaboración del Mapa Conceptual son los siguientes: · Incluir los conceptos clave del tema trabajados en las sesiones 1 y 2. · Representar las relaciones entre ellos. · Referir la aplicabilidad a la intervención social.	IND	Aula	Ordenador o dispositivo electrónico. Acceso a internet. Mapa conceptual.		2.2. 2.3. 3.3.

Tabla 6. Secuencia didáctica de cada una de las sesiones de trabajo

Sesiones nº:
3 – 4 Normativa y Organismos por la igualdad: un análisis comparado

	Contenidos didácticos	Metodología/Acciones formativas/Actividades	Agrup.	Espacio	Recursos	Crit/Ind (EVAL.)	DUA
(2 horas) 50' Contextualización	- Marco legal de la igualdad de oportunidades. (Normativa aplicable en la Comunidad Valenciana. Análisis de legislación aplicada en otros países de nuestro entorno).	Presentación de los objetivos de las sesiones y actividades a realizar. Breve introducción al concepto de marco legal e importancia de la normativa en la igualdad de oportunidades. Reflexión inicial con lluvia de ideas. • Pregunta detonante: ¿Qué leyes conocemos sobre igualdad de género? Recogida de la lluvia de ideas a través de la herramienta digital Mentimeter https://www. mentimeter.com/es-ES/work/brainstorming	GG IND	Aula	Presentación digital con esquemas visuales. Ordenador o dispositivo electrónico. Proyector y herramienta digital Mentimeter		1.1. 1.3. 3.1.
70' Explorando el marco legal		Se organiza al alumnado por equipos de trabajo para investigar sobre la normativa vigente sobre igualdad de oportunidades y, a posteriori, realizar un análisis de las instituciones y organismos de igualdad que puedan localizarse en esos contextos. ⯀ Grupo 1: Comunidad Valenciana, ⯀ Grupo 2: España. ⯀ Grupo 3: Polonia. ⯀ Grupo 4: Noruega. (Se les orienta en la normativa a consultar para que puedan conocer países con situaciones distintas en cuanto a igualdad de género). Deben hacer una recogida de información completa para continuar con el desarrollo de la tarea en la siguiente sesión.	PG (4/5 pers.)	Aula	Ordenador o dispositivo electrónico, acceso a internet. Guía de trabajo con indicaciones a tener en cuenta (Anexo 5)	c) d)	1.2. 1.3. 2.1 2.2. 2.3. 3.1. 3.2.
(2 horas) 10' Contextualización	- Marco legal de la igualdad de oportunidades.	Presentación de la sesión y actividad a realizar. Repaso de las ideas clave de la sesión anterior. • Pregunta detonante: ¿cómo afecta la existencia o ausencia de una normativa en igualdad a la vida cotidiana de las personas?	GG IND	Aula	Presentación digital. Ordenador o dispositivo electrónico. Proyector.	c) d)	1.1. 1.3. 3.1.

Tabla 6. Secuencia didáctica de cada una de las sesiones de trabajo

Contenidos didácticos	Metodología/Acciones formativas/Actividades	Agrup.	Espacio	Recursos	Crit/Ind (EVAL)	DUA
- Marco legal de la igualdad de oportunidades.						
80' Explorando el marco legal	(Normativa aplicable en la Comunidad Valenciana. Análisis de legislación apl cada en otros países de nuestro entorno).	PG (4/5 pers.)	Aula	Dispositivo electrónico. Proyector. Recursos web y herramientas didácticas para la elaboración de infografías. Rúbrica de evaluación (Anexo 6)	c) d)	1.2. 1.3. 2.1 2.2. 2.3. 3.1. 3.2.
30' Cierre y reflexión	Para finalizar, se realiza una reflexión grupal guiada a partir de las siguientes preguntas clave: · ¿Cuáles son las diferencias más destacables entre los países analizados? · ¿Qué elementos podrían mejorar en cada contexto? · ¿Qué hemos aprendido de estos marcos legales? Las ideas recopiladas se pasarán, por equipos, a un Padlet para que puedan ser visualizadas por todo el grupo clase y queden recogidas las ideas sintetizadas.	PG (4/5 pers.)	Aula	Ordenador o dispositivo electrónico Herramienta didáctica interactiva (Padlet)	c) d)	2.2. 2.3. 3.1. 3.2. 3.3.

Sesión nº: 5 De la teoría normativa a la práctica real

Contenidos didácticos	Metodología/Acciones formativas/Actividades	Agrup.	Espacio	Recursos	Crit/Ind (EVAL)	DUA
- Análisis de diferentes recursos y/u organismos que promueven la igualdad entre mujeres y hombres.						
(2 horas) 30' Inicio y contextualización	Presentación de la sesión y organización de las actividades a realizar. Breve introducción sobre los organismos y recursos existentes en materia de igualdad. Reflexión inicial con lluvia de ideas. · Pregunta detonante: ¿cómo influyen los organismos de igualdad en la reducción de la brecha de género en la sociedad? Se realiza una reflexión individual y se recoge la información en la herramienta digital MIRO. https://www.miro.com	GG IND	Aula	Presentación digital con esquemas visuales. Ordenador o dispositivo electrónico. Proyector.	d)	1.1. 1.3. 3.1.

	Contenidos didácticos	Metodología/Acciones formativas/Actividades	Agrup.	Espacio	Recursos	Crit/Ind (EVAL)	DUA
60' Igualdad de género o en las instituciones	- Análisis de diferentes recursos y/u organismos que promueven la igualdad entre mujeres y hombres.	En función del marco legal analizado en las sesiones anteriores, por equipos de trabajo, se examinan organismos e instituciones que trabajan la igualdad de género en el contexto analizado. Presentación de los organismos e instituciones al resto de los grupos mediante exposiciones breves.	PG (4/5 pers.)	Aula	Ordenador o dispositivo electrónico, acceso a internet. Presentación digital.		1.2. 1.3. 2.2. 2.3.
30' Cierre y reflexión		Se plantea un debate guiado sobre la efectividad de las normativas e instituciones analizadas a partir de la siguiente cuestión: ¿qué medidas concretas podrían mejorar la igualdad en los contextos analizados? Las ideas recopiladas por cada equipo se pasarán a un Padlet y se irán proyectando para que puedan ser compartidas para todo el grupo.	PG (4/5 pers.)	Aula	d) Dispositivo electrónico Herramienta didáctica interactiva (Padlet). Rúbrica de evaluación (Anexo 7)		2.2. 2.3 3.3.

Tabla 6. Secuencia didáctica de cada una de las sesiones de trabajo

		Contenidos didácticos	Metodología/Acciones formativas/Actividades	Agrup.	Espacio	Recursos	Crit/Ind (EVAL)	DUA
(imagen reloj)	Sesiones nº: 6 – 7 Rompiendo el Silencio: identificando la Violencia de Género							
(2 horas) 40' Contextualización		- La violencia de género. Factores. Manifestaciones y consecuencias.	Presentación de los objetivos de las sesiones actividades a realizar. Reflexión inicial con lluvia de ideas. · Pregunta detonante: ¿Cuáles consideráis que son las manifestaciones más comunes de la violencia de género? Recogida de la lluvia de ideas a través de la herramienta digital Mentimeter https://www.mentimeter.com/es-ES/work/brainstorming Breve introducción al concepto sobre violencia de género, factores y principales manifestaciones.	IND GG	Aula	Presentación digital con esquemas visuales. Ordenador o dispositivo electrónico. Proyector y herramienta digital Mentimeter	i) e)	1.1. 1.3. 3.1.

Fase	Descripción	Agrupamiento	Espacio	Recursos	Indicadores
80' Documentales	Visualización de dos documentales para que el alumnado consiga identificar las principales manifestaciones de violencia de género y cómo éstas se relacionan con la desigualdad entre hombres y mujeres: ☐ Pepe y Pepa ☐ No estás sola, Sara.	IND	Aula	Ordenador o dispositivo electrónico, acceso a internet. Documentales. Guía de análisis de los documentales (Anexo 8)	1.2. 1.3. 2.1. 2.2. 2.3. 3.1. 3.2.
(2 horas) 15' Contextualización	Presentación de la sesión y actividad a realizar. Repaso de las ideas clave de la sesión anterior. · Breve recordatorio de los documentales vistos y sus mensajes principales a partir de la lluvia de ideas expuestas por el alumnado.	GG	Aula	Presentación digital. Ordenador o dispositivo electrónico. Proyector.	1.1. 1.3. 3.1.
80' Foro de discusión	Tras la visualización de los documentales se cumplimentan las preguntas guía. Para cerrar, se realiza un foro de discusión para comentar las impresiones que se han recogido a partir de las guías de análisis. En pequeños grupos de trabajo se hará una puesta en común y se recogerán las ideas consensuadas. Se plantean preguntas guía: · *¿Cuáles son los patrones de violencia identificados en los documentales?* · *¿En qué medida estas situaciones se relacionan con la desigualdad estructural?* · *¿Qué acciones podríamos llevar a cabo para prevenir la violencia de género?* · *¿Qué criterios, extraídos de esas acciones, podrían ser adecuados para incluir la perspectiva de género en proyectos de intervención social?* Para la recogida de ideas por equipos, se utilizará la herramienta Padlet, para luego poder proyectar las síntesis realizadas con todo el grupo clase.	PG (4/5 pers.)	Aula	Lista de control (Anexo 9) Ordenador o dispositivo electrónico. Proyector. Recursos web y herramienta didáctica Padlet para la elaboración de síntesis.	i) e) 1.2. 1.3. 2.1 2.2. 2.3. 3.1. 3.2.
30' Cierre y reflexión	Para finalizar, se realiza una exposición, por equipos, para compartir con el gran grupo las ideas recogidas en su Padlet. Las ideas recopiladas se proyectan en el Padlet mientras se realiza la exposición.	GG	Aula	Ordenador o dispositivo electrónico Herramienta didáctica interactiva (Padlet)	1.2. 2.1. 2.2. 3.1. 3.2. 3.3.

- La violencia de género. Factores, Manifestaciones y consecuencias.

Tabla 6. Secuencia didáctica de cada una de las sesiones de trabajo

	Contenidos didácticos	Metodología/Acciones formativas/Actividades	Agrup.	Espacio	Recursos	Crit/Ind (EVAL)	DUA
Contextualización, 20' (2 horas)	- Protocolos internacionales. Guías y manuales de lenguaje no sexista. - Incorporación de la perspectiva de género en los instrumentos de promoción y difusión.	Presentación de los objetivos de las sesiones actividades a realizar. Reflexión inicial con lluvia de ideas. · Pregunta detonante: *¿Cómo influye la publicidad en la percepción de género en la sociedad?* · *¿Qué repercusión tiene el tipo de redacción empleada en la publicidad?* Recogida de la lluvia de ideas a través de la herramienta digital Mentimeter https://www.mentimeter.com/es-ES/work/brainstorming Breve introducción al concepto de lenguaje inclusivo y no sexista en la comunicación e interacción social. Presentación de Guías de referencia de redacción inclusiva y no sexista. Breve referencia los protocolos internacionales.	IND GG	Aula	Presentación digital con esquemas visuales. Ordenador o dispositivo electrónico. Proyector y herramienta digital Mentimeter		1.1. 1.3. 3.1.
Análisis publicitario, 40'		Búsqueda de slogans y anuncios publicitarios que incluyan la perspectiva de género y el uso de lenguaje inclusivo y no sexista. También deben buscar anuncios que publiciten proyectos sociales, para analizar si cumplen con el uso de lenguaje inclusivo. A posteriori, se crean grupos para trabajar por equipos. Se realiza una puesta en común de la publicidad encontrada y un análisis de estas para detectar el uso de lenguaje incluso y no sexista. Se comparten aquellos contenidos publicitarios más significativos de cada equipo en la herramienta Padlet para presentar al grupo clase.	IND PG (4/5 pers.) GG	Aula	Ordenador o dispositivo electrónico, acceso a internet. herramienta didáctica Padlet Rúbrica de evaluación (Anexo 10)	b) e) g) h)	1.2. 1.3. 2.1 2.2. 2.3. 3.1. 3.2.
Taller de redacción inclusiva, 60'	- La perspectiva de género en el diseño de proyectos de intervención social.	Por equipos, se les plantea el desarrollo de un proyecto de intervención social, considerando como temática las variables igualdad de género y violencia de género. Comienzan con el diseño de su proyecto de intervención social, para ello deben considerar lo siguiente: - Deben ofrecer un proyecto de intervención a las posibles entidades con las que pueden trabajar en un futuro (elegir una). - Deben tener en cuenta a la hora de la redacción el uso del lenguaje inclusivo y no sexista. - Una vez esbozado su proyecto, deben crear un slogan publicitario para "vender su proyecto sobre perspectiva de género" (debe incluir imagen y texto). - Deben consultar otros proyectos reales que les sirvan de guía y orientación. En esta sesión se escoge la entidad a la que va dirigida y las ideas generales del proyecto. Se crea el primer boceto de slogan en base a la idea que plantean, que será revisado para perfilar los detalles una vez finalizado el proyecto.	PG (4/5 pers.)	Aula	Ordenador o dispositivo electrónico, acceso a internet. Herramientas didácticas de diseño gráfico		1.2. 1.3. 2.1 2.2. 2.3. 3.1. 3.2.

Momento / Tiempo	Actividad	Agrup.	Espacio	Recursos		
(2 horas) 15' Contextualización	Presentación de la sesión y actividad a realizar. Repaso de las ideas clave de la sesión anterior. Breve recordatorio de las pautas para continuar con el desarrollo del proyecto y presentación de la plantilla base para el desarrollo del Proyecto de intervención.	GG	Aula	Presentación digital. Ordenador o dispositivo electrónico. Proyector.		1.1. 1.3. 3.1.
100' Construyendo el proyecto – La perspectiva de género en el diseño de proyectos de intervención social.	Deben centrarse en las ideas generales de su proyecto, redactando con un lenguaje no sexista e inclusivo, teniendo en consideración las siguientes cuestiones: · Identificar las necesidades del proyecto, haciendo referencia a la igualdad entre hombres y mujeres, refiriendo la perspectiva de género (y la prevención de la violencia de género). · Exponer las medidas específicas que proponen para fomentar la igualdad de género en dicho proyecto. · Enumerar las estrategias que presentan para prevenir la discriminación de género.	PG (4/5 pers.)	Aula	Ordenador o dispositivo electrónico. Conexión a internet. Plantilla para elaborar el proyecto (Anexo 11)		1.2. 1.3. 2.1 2.2. 2.3. 3.1. 3.2.
10' Cierre y reflexión	Para finalizar, se recuerdan las premisas a considerar del proyecto para la exposición que se llevará a cabo en la siguiente sesión. · Se debe presentar las ideas síntesis del proyecto utilizando alguna herramienta didáctica (Genial.ly, Prezi, Canva, etc.). · La extensión de la presentación no puede exceder de los 20 minutos. · Cada equipo debe hacer una valoración del resto de proyectos que se presentan. · Recordatorio de revisión del slogan creado para "vender" si proyecto al resto de los equipos, el cual debe incluirse en la puesta en común. · Organización de las presentaciones.	GG	Aula	Ordenador o dispositivo electrónico. Conexión a internet. Herramienta didáctica interactiva a modo ejemplo.		2.2. 2.3. 3.3.
(2 horas) 100' Presentación y evaluación – La perspectiva de género en el diseño de proyectos de intervención social.	Exposición de los proyectos por equipos ante el grupo. Se utilizará una checklist para la evaluación de la presentación del proyecto. Presentación de los proyectos, por equipos, al resto del grupo clase. El resto de los equipos realizarán un análisis del resumen planteado a partir de una matriz DAFO, considerando las premisas marcadas en las sesiones anteriores para la realización del Proyecto de Intervención Social. Para ello, se utilizará la herramienta digital interactiva MIRO https://miro.com.es/planificacion-estrategica/analisis-dafo/	GG	Aula	Ordenador o dispositivo electrónico. Conexión a internet. Checklist de evaluación y calificación (Anexo 12) Herramienta didáctica interactiva para el análisis DAFO (miro)	b) e) g)	1.2. 1.3. 2.1 2.2. 2.3. 3.1. 3.2.
	Presentación de los análisis DAFO realizados para la evaluación y valoración de los proyectos de intervención social presentados. Reflexión final y evaluación del proceso de aprendizaje.	GG	Aula	Ordenador o dispositivo electrónico. Conexión a internet. Herramienta didáctica interactiva (miro)		1.3. 2.2. 2.3. 3.2. 3.3.

Tabla 7. Evaluación de la práctica docente y propuestas de mejora

Indicadores	Valoración cualitativa	Propuestas de mejora
La SdA y su relación con el currículo (Nivel de consecución del RA por parte del alumnado)	El alumnado ha alcanzado una buena comprensión de cómo incorporar la perspectiva de género en los proyectos, aunque algunos necesitan más tiempo para profundizar en la relación entre género y la realidad social actual.	Aumentar el tiempo de reflexión grupal sobre ejemplos reales de proyectos de intervención, proporcionando más situaciones reales a partir de noticias de prensa y o televisión.
El RA y su capacidad para generar experiencias valiosas, motivadoras y funcionales	La actividad ha generado interés y ha permitido a los estudiantes aplicar la teoría de manera práctica y dinámica. Sin embargo, algunos estudiantes necesitan más apoyo en la fase creativa del proyecto.	Incorporar más ejemplos prácticos y guías para apoyar la creatividad de los estudiantes en la fase de desarrollo del proyecto.
El análisis del contexto (personas tiempo, recursos disponibles) y adaptaciones DUA realizadas	El análisis del contexto es adecuado, con un enfoque inclusivo. Se han considerado los recursos y el tiempo disponibles para cada equipo de trabajo. Tanto las adaptaciones DUA, como la diversificación de los materiales y métodos, han sido eficaces para los estudiantes con distintos niveles.	Ofrecer más opciones de recursos tecnológicos y herramientas visuales para que tengan diferentes alternativas para presentar los contenidos.
El sistema de evaluación (inicial, formativa y sumativa) y de calificación	El sistema de evaluación ha sido flexible, permitiendo valorar tanto la creatividad como el conocimiento adquirido.	Mantener la explicación y exposición detallada los criterios de calificación al inicio de la actividad.
Gestión del tiempo	La gestión del tiempo fue adecuada, aunque en algunas fases se concedió más tiempo al análisis que a la práctica del proyecto. La organización de las sesiones fue efectiva.	Mejorar la distribución del tiempo en las fases de aplicación práctica, asegurando que todos los componentes del grupo entienden el contenido y participan activamente.
Metodologías/actividades propuestas	La metodología activa y participativa, como el trabajo en grupo y la creación de slogans, favoreció la implicación de los estudiantes.	Planificar intervenciones conjuntas durante el desarrollo de algunas sesiones.
Coordinación entre docentes	La coordinación entre docentes fue efectiva, con un enfoque común hacia el uso de la perspectiva de género en los proyectos.	Aumentar la colaboración entre docentes en la propuesta de futuras actividades para que sean conjuntas y enriquecer el conocimiento.
Clima de aula generado	El clima fue positivo, con un ambiente colaborativo y respetuoso. Sin embargo, algunos estudiantes mostraron dudas o inseguridad al trabajar de manera grupal.	Fomentar actividades y dinámicas para aumentar la confianza en los equipos de trabajo y favorecer, así, la participación de todos.

Anexos

Anexo 1

Lista de Control: Conocimientos sobre Igualdad de Género y Violencia de Género

Objetivo: Evaluar la aproximación de los estudiantes a conceptos básicos de igualdad de género y violencia de género.

Instrucciones: Asigna la puntuación correspondiente en cada ítem y suma la puntuación total.

Nombre del grupo: _____

Fecha: _____

Puntuación total: _____ /22

Escala de valoración:

- **2 puntos:** Lo explica con claridad y precisión.

- **1 punto:** Tiene nociones básicas, pero muestra dudas o imprecisiones.

- **0 puntos:** No identifica el concepto o tiene una idea errónea.

INDICADOR	EST. 1	EST. 2	EST. 3
	0	1	2
Identifica la diferencia entre sexo y género.			
Conoce el concepto de perspectiva de género.			
Reconoce la importancia del lenguaje inclusivo y no sexista.			
Distingue entre igualdad de género e igualdad de oportunidades.			
Sabe qué es la discriminación por razón de género.			
Identifica ejemplos de roles y estereotipos de género en la sociedad.			
Reconoce las principales manifestaciones de violencia de género.			
Diferencia entre violencia de género y otros tipos de violencia.			

INDICADOR	EST. 1	EST. 2	EST. 3
	0	1	2
Conoce los diferentes tipos de violencia de género (física, psicológica, sexual, digital etc.).			
Identifica el ciclo de la violencia de género.			
Comprende la importancia de la coeducación para prevenir desigualdades.			

Escala de Puntuación

0 - 7 puntos → Nivel bajo: Necesita reforzar conocimientos.

8 - 14 puntos → Nivel medio: Tiene nociones básicas, pero hay áreas por mejorar.

15 - 22 puntos → Nivel alto: Demuestra un conocimiento sólido sobre igualdad de género y violencia de género.

Anexo 2

Rúbrica de Evaluación. Aproximación a la realidad de la igualdad de género (Debate). Perspectiva de Género en el análisis de la realidad mediante noticias y datos.

Nombre: _____

Fecha de implementación: _____

Indicadores	Nivel Básico (1-2 puntos)	Nivel Intermedio (3-4 puntos)	Nivel Avanzado (5 puntos)	Puntuación total	observaciones
Participación en el debate sobre igualdad de género	☐ Participa de manera mínima o no fundamenta sus argumentos.	☐ Participa ocasionalmente, con argumentos válidos, pero poco desarrollados.	☐ Participa activamente, aporta argumentos sólidos y bien fundamentados con ejemplos claros.	___/5	
Claridad y coherencia en los argumentos	☐ Ideas poco claras o incoherentes.	☐ Argumentos claros, pero sin profundidad.	☐ Argumentación lógica y coherente con ejemplos claros.	___/5	

Reflexión sobre la asignación de género en los roles (en MIRO)	☐ Identifica estereotipos de manera superficial o sin análisis crítico.	☐ Identifica estereotipos y reflexiona sobre su impacto, pero sin profundizar.	☐ Identifica y analiza estereotipos con ejemplos concretos y relaciona con el impacto social.	___/5	
Análisis de noticias de prensa sobre desigualdad de género	☐ Extrae información de manera superficial, sin analizar causas o consecuencias.	☐ Analiza las noticias con enfoque crítico, pero sin profundizar en las implicaciones sociales.	☐ Relaciona la información de las noticias con el marco teórico y analiza sus implicaciones en la intervención social.	___/5	
Discusión sobre estereotipos y roles de género en la intervención social	☐ No argumenta o presenta ideas poco relacionadas con la temática.	☐ Argumenta con ideas válidas, pero sin ejemplos o datos que las respalden.	☐ Expone argumentos sólidos, basados en datos o ejemplos relevantes sobre intervención social.	___/5	
Síntesis final en Padlet: Propuestas para evitar la reproducción de estereotipos en la práctica profesional	☐ Propuestas vagas o poco realistas.	☐ Propuestas viables, pero sin fundamentación clara.	☐ Propuestas bien justificadas, aplicables y alineadas con la intervención social.	___/5	

Puntuación total: _____ /30

Escala de Puntuación

- **Excelente (24-30 puntos):** Argumentación sólida, capacidad crítica avanzada y gran profundidad en el análisis.

- **Notable (17-23 puntos):** Buenos argumentos, capacidad crítica adecuada y comprensión sólida del tema.

- **Aprobado (10-16 puntos):** Argumentos básicos, comprensión aceptable, pero le falta mayor profundidad.

- **Insuficiente (<10 puntos):** Argumentación limitada, comprensión pobre y falta de análisis crítico.

Anexo 3

Preguntas dirigidas sobre el análisis del documental y discusión sobre la violencia de género.

Cuestiones (preguntas abiertas):

1. ¿Cuáles son las principales manifestaciones de violencia de género que has identificado en el documental?

2. Explica de qué manera la violencia de género es un reflejo de la desigualdad entre hombres y mujeres.

3. ¿Qué factores crees que influyen en la perpetuación de esta violencia en la sociedad?

4. ¿Qué medidas consideras que son más eficaces para combatir la violencia de género, según el documental?

Anexo 4

Rubrica de evaluación de las preguntas dirigidas.

Indicadores	Nivel Básico (1-2 puntos)	Nivel Intermedio (3-4 puntos)	Nivel Avanzado (5 puntos)	Puntuación total	observaciones
Identificación de manifestaciones de violencia	Identificación escasa o incorrecta	Identificación correcta, pero superficial	Identificación precisa y bien fundamentada	___/5	
Relación con la desigualdad entre hombres y mujeres	Relación poco clara e imprecisa	Relación adecuada, pero con análisis superficial	Relación clara y bien fundamentada con análisis profundo	___/5	
Argumentación sobre factores y medidas	Argumentos poco claros	Argumentos claros, pero falta profundidad	Argumentación sólida, basada en ejemplos concretos	___/5	
Participación activa en la discusión	Participación escasa o poco relevante	Participación correcta con intervenciones puntuales	Participación activa y reflexiva	___/5	

Puntuación Total: _____ /20

Criterios de Evaluación Final:

- **Excelente (18-20 puntos):** Argumentación sólida, capacidad crítica avanzada y gran profundidad en el análisis.

- **Notable (14-17 puntos):** Buenos argumentos, capacidad crítica adecuada y comprensión sólida del tema.

- **Aprobado (10-13 puntos):** Argumentos básicos, comprensión aceptable, pero le falta mayor profundidad.

- **Insuficiente (<10 puntos):** Argumentación limitada, comprensión pobre y falta de análisis crítico.

Anexo 5

Guía de trabajo. Análisis de los Recursos en materia de Igualdad.

Objetivos de la Actividad

- Investigar la normativa vigente sobre igualdad de oportunidades en diferentes contextos (Comunidad Valenciana, España, Polonia y Noruega).

- Identificar y analizar las instituciones y organismos de igualdad en cada contexto.

- Evaluar los recursos disponibles y proponer mejoras o implementaciones normativas.

- Presentar los resultados a través de una infografía clara y bien estructurada.

Cada grupo deberá centrarse en la legislación vigente de su contexto y en las instituciones responsables de garantizar la igualdad de oportunidades.

Fases del Trabajo:

- Fase 1: Investigación del Marco Legislativo.

  1. **Buscar y analizar la normativa vigente** en materia de igualdad de oportunidades en el contexto asignado.

  2. **Identificar los principales organismos e instituciones** que trabajan en la promoción de la igualdad.

  3. **Comparar la normativa** con otras legislaciones, identificando similitudes y diferencias clave.

  4. Elaborar una síntesis de los aspectos más relevantes de la legislación.

- Fase 2: Análisis de Recursos e Instituciones.

  1. Identificar recursos y servicios que ofrecen las instituciones de **igualdad en el contexto asignado.**

  2. **Evaluar la efectividad de estos recursos en la práctica.**

  3. **Analizar** fortalezas y debilidades de las políticas de igualdad existentes.

- Fase 3: Elaboración de Propuestas de Mejora.

  1. Proponer mejoras a la normativa o a los recursos institucionales existentes.

  2. Justificar las propuestas con datos y ejemplos concretos.

- Fase 4: Creación de la Infografía.

  1. Diseñar una infografía que sintetice la información recopilada.

  2. Incluir aspectos clave de la normativa, instituciones analizadas y propuestas de mejora.

  3. Asegurar claridad visual y organización lógica de la información.

Recomendaciones:

- Utilizar fuentes fiables (organismos oficiales, informes académicos, etc.).
- Citar correctamente las fuentes utilizadas.
- Usar herramientas como Canva, Piktochart o PowerPoint, por ejemplo, para diseñar la infografía.

Anexo 6

Rúbrica de Evaluación de la comparativa de la Legislación vigente en materia de igualdad y el análisis de las instituciones implicadas.

Nombre del Grupo: _____

Fecha de Presentación: _____

Indicadores	Nivel Básico (1-2 puntos)	Nivel Intermedio (3-4 puntos)	Nivel Avanzado (5 puntos)	Puntuación total	Observaciones
Precisión en la descripción del marco legislativo analizado.	☐ Descripción incompleta o con errores.	☐ Descripción adecuada, pero sin suficiente precisión.	☐ Descripción precisa y completa, sin errores.	___/5	
Capacidad para identificar similitudes y diferencias entre legislaciones.	☐ Comparación superficial, incompleta o con errores.	☐ Comparación adecuada, pero falta profundidad.	☐ Comparación precisa y complete, con un buen análisis de impacto.	___/5	
Propuestas de mejora o implementación en la normativa.	☐ Propuestas poco viables o muy generales.	☐ Propuestas viables, pero poco desarrolladas	☐ Propuestas viables, bien desarrolladas y justificadas	___/5	
Claridad y estructura en la presentación del análisis a partir de una infografía.	☐ La infografía presenta poca o ninguna información sobre las normativas y su relación con la igualdad de género.	☐ La infografía aborda la normativa, pero no profundiza en cómo tratan la igualdad de género o las mejoras propuestas son escasas.	☐ La infografía presenta de forma clara y visual cómo la normativa aborda la igualdad de género e incluye las propuestas de mejora coherentes y bien justificadas.	___/5	

Puntuación Total: _____ /20

Criterios de Evaluación:

- **Excelente (18-20 puntos):** Presentación detallada y visualmente atractiva a partir de la infografía, comparativa precisa y propuestas innovadoras para la mejora del marco legal.

- **Notable (14-17 puntos):** Análisis sólido y detallado presente en la infografía, con buenas propuestas de mejora basadas en la comparación.

- **Aprobado (10-13 puntos):** Análisis básico con algunas propuestas relevantes, pero sin profundidad en la comparación, presentación aceptable en la infografía.

- **Insuficiente (<10 puntos):** Descripción incompleta y falta de capacidad para comparar y proponer mejoras basadas en el análisis, infografía incompleta.

Anexo 7

Rúbrica de evaluación del análisis y reflexión sobre Igualdad de Género en las Instituciones.

Nombre del estudiante: _____

Fecha: _____

Criterios de evaluación	Nivel básico (1-2 puntos)	Nivel intermedio (3-4 puntos)	Nivel avanzado (5 puntos)	Puntuación total
Relevancia de la información general	☐ Información poco precisa o general, sin relación clara con la igualdad de género.	☐ Información adecuada, pero sin ejemplos concretos o conexiones claras.	☐ Información relevante, bien estructurada y con ejemplos pertinentes.	___/5
Identificación de recursos y servicios ofrecidos por instituciones de igualdad	☐ Identifica pocos o ningún recurso relevante, sin relación clara con la igualdad de género.	☐ Identifica algunos recursos y servicios adecuados, pero sin explicar su impacto en la igualdad.	☐ Identifica de manera detallada recursos y servicios clave, explicando su relevancia en la promoción de la igualdad.	___/5

Criterios de evaluación	Nivel básico (1-2 puntos)	Nivel intermedio (3-4 puntos)	Nivel avanzado (5 puntos)	Puntuación total
Evaluación de la efectividad de los recursos en la práctica	☐ No analiza la efectividad o lo hace de manera superficial.	☐ Presenta un análisis básico con algunas observaciones sobre la efectividad de los recursos.	☐ Evalúa críticamente la efectividad de los recursos, con ejemplos concretos y justificación.	__/5
Análisis de fortalezas y debilidades de los recursos existentes existentes	☐ No identifica fortalezas ni debilidades o lo hace de manera muy general. Reflexión superficial.	☐ Analiza algunas fortalezas y debilidades, o ejemplos concretos. Análisis correcto, aunque con falta de profundidad.	☐ Realiza un análisis detallado y crítico, identificando puntos clave de mejora con justificación. Reflexión crítica profunda y clara.	__/5
Propuestas de mejora	☐ Propuestas poco viables o muy generales, sin argumentación.	☐ Propuestas interesantes, pero sin una justificación sólida o desarrollo claro.	☐ Propuestas concretas, viables y bien justificadas, basadas en la normativa analizada.	__/5
Claridad y organización	☐ La información es confusa o desordenada, dificultando su comprensión.	☐ Presentación clara, aunque con algunas partes mejorables en estructura y coherencia.	☐ Información bien organizada, clara y estructurada, facilitando la comprensión.	__/5
Uso de lenguaje inclusivo y no sexista	☐ No se respeta el uso de lenguaje inclusivo, con sesgos evidentes.	☐ Uso aceptable del lenguaje inclusivo, aunque con algunas omisiones.	☐ Lenguaje totalmente inclusivo y libre de sesgos de género.	__/5

Puntuación total: __/35

Criterios de calificación

- **31-35 puntos:** Excelente. El análisis es profundo y las propuestas son innovadoras y bien fundamentadas.

- **21-30 puntos:** Notable. Reflexión bien elaborada con propuestas viables, aunque con margen de mejora en algunos aspectos.

- **11-20 puntos:** Aceptable. Cumple con los requisitos mínimos, pero requiere mayor profundidad y claridad.

- **Menos de 10 puntos:** Insuficiente. Falta de precisión, análisis superficial y propuestas poco trabajadas

Anexo 8

Guía de trabajo. Análisis para el visionado de los documentales

Objetivo: Reflexionar sobre las distintas manifestaciones de violencia de género y sus implicaciones, así como identificar factores de riesgo, consecuencias y recursos de apoyo en ambos documentales.

1. Contexto y Personajes

- ¿Cuál es el contexto social y familiar de la protagonista?

- ¿Qué características socioeconómicas y culturales aparecen en el documental y cómo afectan a la situación de violencia?

- Describe brevemente el perfil de las personas que ejercen la violencia (relación con la víctima, comportamiento, etc.).

2. Manifestaciones de la Violencia de Género

- ¿Qué tipos de violencia de género se muestran en el documental (física, psicológica, económica, sexual, social)?

- Señala momentos específicos del documental que reflejan estas manifestaciones.

- ¿Cómo se evidencia la violencia estructural o las barreras para que la víctima salga de la situación de maltrato?

3. Factores de Riesgo y Consecuencias

- ¿Cuáles son los factores de riesgo identificables en la situación de la protagonista?

- ¿Qué consecuencias físicas, psicológicas y sociales observas en la víctima?

- ¿Cómo afecta la violencia a la red familiar, social y laboral de la protagonista?

4. Reacciones y Estrategias de Afrontamiento

- ¿Cuáles son las reacciones iniciales de la víctima frente a la violencia?

- ¿Qué recursos de afrontamiento o estrategias utiliza para enfrentar la situación?

- ¿Se muestran estrategias de salida del ciclo de violencia? Si es así, ¿cuáles crees que son y cómo impactan en la protagonista?

5. Intervención Social y Recursos de Apoyo

- ¿Qué recursos de apoyo aparecen en el documental (policía, servicios sociales, asociaciones, etc.)?

- ¿Cómo valoras la intervención de estos recursos? ¿Qué crees que se podría mejorar?

- Identifica acciones y medidas de intervención que podrían haberse tomado en la situación expuesta.

6. Impacto del Entorno y el Contexto Cultural

- ¿Cómo influye el entorno rural o urbano en la percepción y afrontamiento de la violencia?

- ¿Qué papel juegan la familia, los amigos y la comunidad en la perpetuación o en la lucha contra la violencia?

7. Lenguaje y Perspectiva de Género

- ¿Cómo se utiliza el lenguaje en el documental para describir la violencia y a la víctima?

- ¿Es un lenguaje sensibilizado con la perspectiva de género?

- ¿Hay elementos de la narrativa que invisibilicen o refuercen estereotipos sobre las víctimas de violencia de género?

8. Reflexión Personal

- ¿Qué sentimientos o pensamientos te generó el documental?

- ¿Cuál consideras que es el mensaje principal del documental?

- ¿Qué aspectos de la violencia de género que no conocías o no habías reflexionado antes que se visibilizan en el documental?

9. Propuestas de Mejora e Intervención

- Si fueras parte de un equipo de intervención social, ¿qué acciones o proyectos implementarías para ayudar a la protagonista?

- ¿Qué medidas crees que se podrían aplicar en el contexto educativo y comunitario para prevenir situaciones como las mostradas en el documental?

Actividad Complementaria: Debate Final Después del visionado y análisis, se realiza una puesta en común en clase donde cada estudiante pueda compartir sus conclusiones y proponer posibles intervenciones o mejoras en el sistema de apoyo a las víctimas. Además, de forma trasversal pueden reflexionar sobre cómo el documental visibiliza la violencia de género y qué impacto puede tener en la conciencia social.

Anexo 9

Lista de control. Análisis de los documentales sobre violencia de género.

Nombre del estudiante: _____

Fecha: _____

Puntuación total: ____/10

Indicadores a evaluar	Sí ✓ (1 punto)	No ✗ (0 puntos)
1. Contexto y Personajes		
Identifica el contexto social y familiar de la víctima.	☐	☐
Describe las características socioeconómicas y culturales presentes y su influencia en la situación de violencia.	☐	☐
2. Manifestaciones de la Violencia de Género		
Describe el perfil de las personas que ejercen la violencia y su relación con la víctima.	☐	☐
Reconoce los diferentes tipos de violencia (física, psicológica, económica, sexual, social) mostrados en el documental.	☐	☐
Señala momentos específicos que ilustran estas manifestaciones.	☐	☐
3. Factores de Riesgo y Consecuencias		
Identifica factores de riesgo y las consecuencias de la violencia en la víctima y su entorno.	☐	☐
Menciona las consecuencias físicas, psicológicas y sociales observadas en la víctima.	☐	☐
4. Intervención Social y Recursos de Apoyo		
Identifica los recursos de apoyo presentados (policía, servicios sociales, asociaciones, etc.).	☐	☐
Evalúa la efectividad de la intervención de estos recursos.	☐	☐
5. Reflexión Personal		
Expresa reflexiones personales sobre el impacto del documental y la comprensión de la violencia de género.	☐	☐

Criterios de calificación

- **8-10 puntos:** Análisis detallado y comprensión profunda del documental.

- **5-7 puntos:** Análisis adecuado con comprensión general del contenido.

- **0-4 puntos:** Análisis superficial o comprensión limitada del documental.

Anexo 10

Rúbrica de evaluación de análisis de la publicidad con Perspectiva de Género y Lenguaje Inclusivo.

Nombre del grupo: _____

Criterios de evaluación	Nivel básico (1-2 puntos)	Nivel intermedio (3-4 puntos)	Nivel avanzado (5 puntos)	Puntuación total
Identificación de estereotipos de género en la publicidad	☐ No se identifican o se identifican de manera incorrecta los estereotipos de género presentes en los anuncios analizados.	☐ Se identifican algunos estereotipos de género, pero el análisis carece de profundidad o presenta imprecisiones.	☐ Se identifican y analizan de manera precisa y completa los estereotipos de género presentes en los anuncios, demostrando una comprensión profunda del tema.	___/5
Evaluación del uso de lenguaje inclusivo y no sexista	☐ No se reconoce o se reconoce de manera incorrecta el uso de lenguaje inclusivo o sexista en los anuncios.	☐ Se reconoce el uso de lenguaje inclusivo o sexista en algunos anuncios, pero el análisis es superficial o incompleto.	☐ Se realiza una evaluación detallada y precisa del uso de lenguaje inclusivo y no sexista en los anuncios, identificando aciertos y áreas de mejora.	___/5
Propuestas de mejora para la publicidad analizada	☐ Las propuestas son poco viables, generales o no abordan adecuadamente las problemáticas identificadas.	☐ Se presentan propuestas viables, pero faltan detalles o justificaciones que respalden su implementación.	☐ Se elaboran propuestas concretas, viables y bien justificadas que abordan eficazmente las problemáticas identificadas en los anuncios analizados.	___/5
Claridad y estructura en la presentación del análisis en el Padlet	☐ La presentación es desorganizada, carece de coherencia o es difícil de seguir.	☐ La presentación es adecuada, pero podría mejorar en términos de organización y claridad.	☐ La presentación es clara, bien estructurada y facilita la comprensión del análisis realizado.	___/5

Puntuación total: _____ / 20

Escala de Puntuación

- **Excelente (16-20 puntos).** El análisis y la evaluación es profunda.

- **Notable (11-15 puntos).** Evaluación bien elaborada, aunque con margen de mejora en algunos aspectos.

- **Aceptable (6-10 puntos).** Cumple con los requisitos mínimos, pero requiere mayor profundidad y claridad.

- **Insuficiente (<de 5 puntos)** Falta de precisión, análisis superficial y propuestas poco trabajadas.

Anexo 11

Plantilla para la Redacción del Proyecto de Intervención Social.

1. Portada

   · Título del proyecto

   · Nombre del grupo y de los integrantes

   · Entidad a la que se dirige el proyecto (incluir logo)

2. Introducción

   · Breve presentación del proyecto.

   · Justificación de su importancia y relevancia.

   · Relación del proyecto con la perspectiva de género.

3. Contextualización y Diagnóstico

   · Descripción de la entidad elegida y su ámbito de intervención.

   · Análisis de la realidad desde la perspectiva de género en el contexto de la entidad.

   · Identificación de necesidades o problemáticas detectadas.

4. Objetivos del Proyecto

   · Objetivo general.

   · Objetivos específicos (concretos, medibles y alcanzables).

5. Metodología y Actividades

   · Estrategias y enfoque de intervención.

   · Descripción de las actividades a desarrollar.

   · Recursos materiales y humanos necesarios.

6. Evaluación y Seguimiento

- Indicadores de éxito del proyecto.
- Propuesta de herramientas de evaluación (encuestas, entrevistas, observación).
- Plan de seguimiento y posibles mejoras.

7. Conclusión

- Resumen de la importancia del proyecto.
- Impacto esperado en la entidad y en la comunidad.

8. Bibliografía y Fuentes Consultada

Anexo 12

Checklist para identificar si se han incorporado los criterios de perspectiva de género en el proyecto de intervención social creado.

Nombre del grupo: _____

Fecha: _____

INDICADORES	ASPECTOS	CUMPLE CON EL DESEMPEÑO		
		SI	NO	Observaciones
1. Análisis inicial y diagnóstico	Se ha realizado un análisis previo que tenga en cuenta las desigualdades de género en el contexto del proyecto.	☐	☐	
	Se ha consultado a mujeres y otros grupos en situación de vulnerabilidad para identificar necesidades y prioridades específicas.	☐	☐	
	Se valora la profundidad del análisis de la realidad desde la perspectiva de género.	☐	☐	
2. Objetivos del proyecto	Los objetivos del proyecto están orientados a reducir las brechas de género detectadas.	☐	☐	
	Se plantean los objetivos en relación con la igualdad de género.	☐	☐	
3. Actividades y metodología	Las actividades propuestas abordan explícitamente las desigualdades de género y promueven cambios en las relaciones de poder.	☐	☐	
	Se ha adaptado la metodología para que sea inclusiva y accesible a todos los grupos, independientemente de su género.	☐	☐	
	Se han diseñado actividades de capacitación para sensibilizar sobre la igualdad de género.	☐	☐	
4. Participación y representación	Se garantiza la participación activa de mujeres en la toma de decisiones a lo largo del proyecto.	☐	☐	
5. Indicadores de seguimiento y evaluación	Se han definido indicadores que permitan medir el impacto del proyecto en la igualdad de género.	☐	☐	
	Los resultados del proyecto se evalúan desde una perspectiva de género.	☐	☐	
6. Uso del lenguaje	En el desarrollo del proyecto se ha utilizado un lenguaje inclusivo y no sexista.	☐	☐	
7. Medidas para prevenir la violencia de género	El proyecto incluye actividades o estrategias para prevenir la violencia de género en la comunidad.	☐	☐	
	Se han contemplado mecanismos de apoyo para las personas en riesgo de sufrir violencia de género.	☐	☐	
8. Propuestas de mejora	Se han identificado áreas de mejora para seguir avanzando en la igualdad de género en futuras fases del proyecto.	☐	☐	

Anexo 13

Rúbrica de evaluación del Proyecto de Intervención Social con perspectiva de género.

Nombre del grupo: _____

Fecha: _____

Puntuación total: _____ / 40

Criterios de Evaluación	Excelente (4)	Bien (3)	Aceptable (2)	Necesita Mejorar (1)	Puntuación
1. Análisis inicial y diagnóstico	Se ha realizado un análisis profundo e integral desde la perspectiva de género, consultando a diversos grupos y justificando claramente las desigualdades detectadas.	Se ha realizado un análisis adecuado, considerando la perspectiva de género, aunque con algunas carencias en la justificación.	El análisis es básico y poco desarrollado, con escasa consideración de la perspectiva de género.	No se ha realizado un análisis desde la perspectiva de género o es insuficiente.	___/4
2. Objetivos del Proyecto	Los objetivos son claros, medibles y directamente orientados a la reducción de brechas de género.	Los objetivos están bien planteados, aunque podrían estar mejor definidos en términos de género.	Los objetivos son generales y poco específicos en cuanto a la reducción de brechas de género.	Los objetivos no tienen relación con la perspectiva de género.	___/4
3. Actividades y metodología	Las actividades abordan las desigualdades de género y promueven cambios estructurales, con una metodología inclusiva y accesible.	Las actividades tratan la desigualdad de género, aunque de forma superficial. La metodología es adecuada, pero con margen de mejora.	Las actividades incluyen alguna referencia a la desigualdad de género, pero no están bien estructuradas.	No se abordan las desigualdades de género en las actividades y la metodología es inadecuada.	___/4
4. Participación y representación	Se garantiza la participación activa de mujeres y grupos vulnerables en todo el proceso del proyecto.	Se fomenta la participación de mujeres y grupos vulnerables, aunque de forma limitada.	Se menciona la participación de mujeres y grupos vulnerables, pero sin estrategias claras.	No se garantiza la participación de mujeres ni de grupos vulnerables.	___/4
5. Indicadores de evaluación	Se han definido indicadores claros y específicos para medir el impacto en la igualdad de género.	Se han incluido algunos indicadores adecuados, pero con margen de mejora en su precisión y relevancia.	Los indicadores son generales y poco precisos para medir la igualdad de género.	No se han definido indicadores de evaluación con perspectiva de género.	___/4
6. Uso del lenguaje	Se utiliza lenguaje inclusivo y no sexista en todo el documento.	Se emplea lenguaje mayoritariamente inclusivo, con algunas expresiones mejorables.	Se encuentran varias expresiones sexistas o no inclusivas.	El lenguaje utilizado es sexista y no inclusivo.	___/4
7. Prevención de la violencia de género	El proyecto incluye estrategias claras para prevenir la violencia de género y contempla mecanismos de apoyo.	Se abordan estrategias para prevenir la violencia de género, aunque de forma poco detallada.	Se menciona la prevención de la violencia de género, pero sin estrategias concretas.	No se incluyen medidas para prevenir la violencia de género.	___/4

8. Propuestas de mejora	Se identifican áreas de mejora bien fundamentadas para fortalecer la igualdad de género en futuras fases del proyecto.	Se sugieren mejoras relevantes, pero con poca profundidad.	Las propuestas de mejora son generales y poco concretas.	No se plantean propuestas de mejora para la igualdad de género.	___/4

Escala de Puntuación

- **Excelente (32-40 puntos).** Proyecto excelente, con una sólida incorporación de la perspectiva de género en todo el documento.

- **Notable (24-31 puntos).** Proyecto bien desarrollado, aunque con algunas áreas de mejora en la integración de la perspectiva de género.

- **Aceptable (16-24 puntos).** Proyecto aceptable, pero con deficiencias importantes en la aplicación de la perspectiva de género.

- **Insuficiente (<de 24 puntos)** Proyecto insuficiente, con escasa o nula integración de la perspectiva de género.

CAPÍTULO 6
Situación de aprendizaje correspondiente al ciclo formativo de grado medio de Técnico en Atención a Personas en Situación de Dependencia

Tabla 1. "Conectar para cuidar. El arte de sumar juntos"

Presentación de la SdA

El ciclo formativo de Grado Medio de Técnico en Atención a Personas en Situación de Dependencia tiene como objetivo principal formar profesionales capacitados para proporcionar apoyo integral a personas que requieren asistencia en su vida diaria. En este contexto, el Módulo Profesional de Destrezas Sociales es esencial, ya que prepara al alumnado para desarrollar habilidades interpersonales clave que les permitirán trabajar de forma efectiva en equipo, resolver conflictos y desempeñar diferentes roles dentro de un grupo de trabajo.

En el ámbito de la atención a personas en situación de dependencia, el trabajo en equipo resulta fundamental. La interacción entre profesionales de diferentes ámbitos (como auxiliares de enfermería, terapeutas ocupacionales, educadores sociales y cuidadores), requiere una coordinación eficaz y una comunicación fluida para garantizar una atención personalizada y de calidad. Además, es vital que el alumnado comprenda la importancia de adaptarse a los distintos roles que puede asumir en un equipo de trabajo, ya sea como líder, mediador o colaborador, dependiendo de las circunstancias y necesidades del grupo.

Esta situación de aprendizaje se centra en la aplicación práctica de técnicas de trabajo en grupo, promoviendo que el alumnado desarrolle habilidades como escucha activa, empatía, asertividad y la gestión adecuada de conflictos. A través de dinámicas participativas y simulaciones basadas en escenarios reales del sector sociosanitario y asistencial, se fomentará el desarrollo de competencias clave para el desempeño profesional.

Este enfoque pretende no solo facilitar la adquisición de conocimientos teóricos, sino también proporcionar herramientas prácticas que favorezcan el desarrollo personal y profesional del alumnado, mejorando su capacidad para integrarse y contribuir eficazmente en equipos de trabajo multidisciplinares.

Tabla 2: Marco curricular y contexto de aplicación

Identificación curricular y ubicación temporal

	Unidades de competencia de la SdA	UC1016_2: Preparar y apoyar las intervenciones de atención a las personas y a su entorno en el ámbito institucional indicadas por el equipo interdisciplinar.	Trimestre/ evaluación	1° Trimestre / 1ª evaluación
Ciclo formativo /curso				
Grado Medio en Atención a Personas en Situación de dependencia 2° curso	Competencias profesionales, personales y sociales vinculadas con la SDA	Actuar con responsabilidad y autonomía en el ámbito de su competencia, organizando y desarrollando el trabajo asignado, cooperando o trabajando en equipo con otros profesionales en el entorno de trabajo. Comunicarse eficazmente, respetando la autonomía y competencia de las distintas personas que intervienen en el ámbito de su trabajo.		
Módulo			Período aproximado de implementación (semanas)	2/3 semanas (mes de octubre)
Módulo de Destrezas sociales (0211)	Resultados de aprendizaje de la SdA	[RA 2]: Aplica técnicas de trabajo en grupo, adecuándolas al rol que desempeñe en cada momento.		
Otros módulos vinculados	Resultados de aprendizaje de otros módulos		N° de sesiones	6 (2 horas cada sesión)

Contexto de aplicación de la SdA

La Situación de aprendizaje se desarrolla en un centro educativo que imparte, entre otros, el Ciclo Formativo de Grado Medio de Técnico en Atención a Personas en Situación de Dependencia. En este contexto, el Módulo Profesional de Destrezas Sociales se desarrolla con un grupo de aproximadamente 20 estudiantes, compuesto por jóvenes recién salidos de la ESO y personas adultas en proceso de recualificación profesional, combinando formación teórica y práctica.

A través de dinámicas participativas y simulaciones, el alumnado trabajará en la mejora de sus habilidades de comunicación y trabajo en equipo, enfrentándose a situaciones reales del ámbito sociosanitario, como la resolución de conflictos, la coordinación con otros profesionales y la adaptación a distintos roles dentro de un equipo de atención a personas en situación de Dependencia.

Tabla 3: ¿Qué se va a aprender en al SdA y qué importancia tiene cada aprendizaje?

(Los números corresponden a las indicaciones y justificaciones teóricas, que han de guiar las decisiones del diseño, presentes en la tabla)

Resultados de aprendizaje del currículo y los criterios que los concretan.

RA 2. Aplica técnicas de trabajo en grupo, adecuándolas al rol que desempeñe en cada momento.

Criterios de evaluación:

a) Se han descrito los elementos fundamentales de un grupo y los factores que pueden modificar su dinámica.

b) Se han analizado y seleccionado las diferentes técnicas de dinamización y funcionamiento de grupos.

c) Se han explicado las ventajas del trabajo en equipo frente al individual.

d) Se han diferenciado los diversos roles y la tipología de los integrantes de un grupo.

e) Se han respetado las diferencias individuales en el trabajo en grupo.

f) Se han identificado las principales barreras de comunicación grupal.

g) Se ha definido el reparto de tareas como procedimiento para el trabajo en grupo.

h) Se ha colaborado en la creación de un ambiente de trabajo relajado y cooperativo.

Resultados de aprendizaje de la situación de aprendizaje

RA 2.

Criterios de evaluación de la situación de aprendizaje.

a), b), c), d), e), f), g) y h)

Evidencias

Identifica los elementos clave de un grupo y propone mejoras concretas.

Aplica dinámicas de grupo o trabajo cooperativo en una tarea grupal.

Reflexiona o debate como la comunicación influye en el trabajo en equipo

Utiliza la comunicación efectiva en las simulaciones de trabajo en equipo

Identifica y asume un rol dentro de un equipo en las actividades.

Detecta obstáculos comunicativos en las tareas prácticas y propone soluciones.

Participa activamente en las tareas cooperativas asumiendo su responsabilidad del rol otorgado en el grupo

Fomenta un clima de confianza en las actividades grupales mediante apoyo y escucha activa

La calificación (medida del grado de consecución de los aprendizajes descritos en los criterios)

Este módulo tiene un porcentaje total del 100%, siendo el valor del Resultado de Aprendizaje el 10%.

(Currículo Oficial) Resultados de aprendizaje y criterios del currículo	Resultados de aprendizaje de la situación de aprendizaje	Criterio/s de evaluación de la situación de aprendizaje (y evidencias si fuera necesario)	La calificación, en porcentajes (medida del grado de consecución de los aprendizajes descritos en los criterios)
RA 2. Aplica técnicas de trabajo en grupo, adecuándolas al rol que desempeñe en cada momento.	RA 2. Aplica técnicas de trabajo en grupo, adecuándolas al rol que desempeñe en cada momento.	a) Se han descrito los elementos fundamentales de un grupo y los factores que pueden modificar su dinámica.	15%
		b) Se han analizado y seleccionado las diferentes técnicas de dinamización y funcionamiento de grupos.	15%
		c) Se han explicado las ventajas del trabajo en equipo frente al individual.	15%
		d) Se han diferenciado los diversos roles y la tipología de los integrantes de un grupo.	15%
		e) Se han respetado las diferencias individuales en el trabajo en grupo.	10%
		f) Se han identificado las principales barreras de comunicación grupal.	10%
		g) Se ha definido el reparto de tareas como procedimiento para el trabajo en grupo.	10%
		h) Se ha colaborado en la creación de un ambiente de trabajo relajado y cooperativo.	10%

Tabla 4 El sistema de evaluación. ¿Cómo se evaluarán y calificarán los aprendizajes?

En este cuadro indicaremos los aprendizajes que verificaremos en cada momento y el tipo de evaluación.

Evaluación inicial				Evaluación continua-formativa			
Aprendizajes a evaluar	Criterio de referencia	Prueba	Inst. de calificación	Aprendizajes a evaluar	RA/Criterio de referencia	Prueba	Instrumento de calificación	Valor de la evaluación respecto al RA/ criterio de referencia
Identificación de elementos fundamentales del grupo y propuesta de mejoras.	a)	Dinámica de presentación grupal (rompehielos)	Rúbrica de evaluación (Anexo 4)	Explicación de las ventajas del trabajo en equipo frente al individual.	c)	Visualización de cortometraje	Cuestionario de preguntas abiertas (Anexo 2) Rúbrica de evaluación (Anexo 4)	15%
				Identificación de roles y tipología de integrantes de un grupo.	d)	Cumplimentación de un test para identificar su rol predominante. Cuestionario de preguntas abiertas de reflexión personal a partir de la información del test	Cuestionario rol predominante (test) (Anexo 5) Diario de aprendizaje (cuestionario preguntas abiertas) (Anexo 7)	20%
				Rol/roles asumido/s dentro de los equipos de trabajo en las diferentes actividades.	e)	Simulación de actividades cooperativas con énfasis en la inclusión.	Rúbricas de evaluación (Anexo 3) (Anexo 9) (Anexo 17) Lista de control (Anexo 16)	15%
				Concreción de las diferentes tareas estratégicas a desarrollar en el trabajo en grupo.	g)	Simulación de un reparto de tareas en una dinámica grupal.	Rúbrica de evaluación (Anexo 9) Lista de control (Anexo 13) Rúbrica de evaluación (Anexo 14)	20%

Aprendizajes a evaluar	RA/Criterio/s que evalúa		Prueba/producto final	Instrumento de calificación	Valor en la situación de aprendizaje
		Identificación de barreras y tipo de comunicación empleada de los integrantes de un colectivo.	f) Análisis de las simulaciones prácticas desarrolladas sobre el tipo de comunicación empleada y la influencia que ejercida.	Rúbrica de evaluación (Anexo 10) Lista de control (Anexo 11) (Anexo 16) Rúbrica de evaluación (Anexo 17)	15%
		Análisis y selección de técnicas de dinamización y funcionamiento de grupos.	b) Debate sobre las diferentes técnicas de dinamización empleadas en el trabajo en equipo a lo largo de las sesiones.	Rúbrica de evaluación (Anexo 18)	15%
Evaluación final /sumativa					
Evaluación de la consolidación de los aprendizajes y la capacidad de los estudiantes para aplicar los conocimientos y habilidades adquiridos. Dominio de los conceptos teóricos sobre comunicación, trabajo en equipo y dinámica grupal. Capacidad para aplicar estrategias de comunicación y cooperación en situaciones reales o simuladas. Reflexión crítica sobre la importancia de la confianza y la motivación en los grupos.	RA 2 a), b), c), d), e), f), g), h)		Simulación real de una situación profesional en la que se aborda una reunión de equipo interdisciplinar en el ámbito sociosanitario.	Rúbrica de evaluación del desempeño (Anexo 19) Rúbrica de autoevaluación del estudiante (Anexo 20)	40%

Tabla 5. Los contenidos	
Contenidos a trabajar (conocimientos, destrezas y actitudes) del currículo oficial *y los necesarios para completar los aprendizajes descritos* en el criterio/s de evaluación de la situación de aprendizaje	**Módulo**
Aplicación de técnicas de trabajo en grupo:	0211
El grupo. Elementos fundamentales y factores para mejorar su rendimiento.	0211
Técnicas para mejorar el trabajo en grupo.	0211
Valoración de la importancia de la comunicación en el desarrollo del grupo.	0211
La comunicación en los grupos.	0211
El equipo de trabajo.	0211
Los roles de los integrantes de un grupo.	0211
Principales barreras para la comunicación grupal.	0211
Aplicación de estrategias de trabajo cooperativo.	0211
La confianza en el grupo.	0211
La actitud tolerante y la empatía.	0211
Valoración del papel de la motivación en la dinámica grupal.	0211

Tabla 6. Secuencia didáctica de cada una de las sesiones de trabajo

Sesión n°. 1. Conociendo el poder del grupo

Tiempo / Fase	Contenidos didácticos	Metodología/Acciones formativas/Actividades	Agrup.	Espacio	Recursos	Crit/Ind (EVAL)	DUA
(2 horas) 15' Inicio		Presentación de la sesión y organización de las actividades a realizar. Breve explicación del concepto de grupo y sus elementos fundamentales, incidiendo en aquellos elementos que pueden contribuir a modificar la dinámica del grupo y las ventajas que tiene el trabajo en grupo, frente al individual.	GG	Aula	Presentación digital con esquemas visuales. Ordenador o dispositivo electrónico. Proyector.		1.1. 1.3. 3.1.
25' Rompehielos	El grupo. Elementos fundamentales y factores que mejoran su rendimiento. · El equipo de trabajo. · Los roles de los integrantes de un grupo. · La confianza en el grupo. · La actitud tolerante y la empatía.	"La telaraña de las conexiones". Cada estudiante se presenta diciendo su nombre y una habilidad que considera que aporta valor a un grupo. Al hacerlo, lanzan un ovillo de lana a otro compañero, creando una "telaraña" simbólica que representa la interconexión en los equipos. Se reflexiona sobre las ventajas que aporta el trabajo en equipo.	GG	Aula	Ovillo de lana Lista de verificación (Anexo 1)		2.1. 2.2. 3.1. 3.2.
30' Visualización guiada		Proyección de un cortometraje sobre el trabajo en equipo. Propuesta de vídeo: "El Puente" (cortometraje de animación sobre trabajo en equipo y resolución de conflictos). A continuación, se realiza una breve lluvia de ideas para identificar los elementos clave del grupo observados en el corto y las posibles propuestas de mejora para su eficacia. Para la recogida de ideas, se utiliza la herramienta Mentimeter https://www.mentimeter.com/es-ES/work/brainstorming, que recoge las diferentes propuestas y destaca las mejores ideas de forma dinámica y visual.	GG	Aula	Dispositivo electrónico, internet. Proyector, altavoces, vídeo a proyectar. Herramienta Mentimeter. Cuestionario Visualización guiada (Anexo 2)	a) c) d) e)	1.1. 1.3.
40' Actividad grupal		Después de conocer los elementos clave del grupo y la importancia del trabajo en equipo, frente al trabajo individual, se propone realizar el planteamiento del "equipo ideal". El alumnado se organiza por equipos y cada uno diseña un equipo ficticio asignando roles y describiendo las habilidades que cada persona aportaría al equipo. La información recogida por los diferentes equipos de plasma en un Padlet https://padlet.com/, al que todos tiene acceso a través de un código QR. En el Padlet: Se crea un muro digital con columnas para cada equipo. Los estudiantes suben sus reflexiones y estrategias con imágenes, vídeos o textos. Se pueden incluir post-its virtuales con observaciones de otros equipos. Al finalizar, se comparte con el resto de la clase para comparar las diferentes aportaciones.	PG (4/5 pers.)	Aula	Ordenador o dispositivo electrónico, acceso a internet. Herramienta didáctica interactiva (Padlet) Rúbrica de evaluación "el equipo ideal" (Anexo 3)		2.2. 2.3. 3.2.
10' Cierre		Para finalizar, cada estudiante recoge, a través de una lluvia de ideas, cómo se ve dentro de un equipo y qué habilidades cree que puede aportar. Para ello se utilizará la herramienta Mentimeter https://www.mentimeter.com/es-ES/work/brainstorming, que, como se ha referido, ayuda a recopilar las diferentes propuestas y destacar las mejores ideas. Al finalizar, se comparte con el resto de la clase para comparar las diferentes aportaciones.	GG IND	Aula	Dispositivo electrónico, acceso a internet. Proyector, herramienta digital Mentimeter Rúbrica de evaluación (Anexo 4)		3.3.

Las situaciones de aprendizaje en FP en la especialidad de Intervención Socio-comunitaria 111

Tabla 6. Secuencia didáctica de cada una de las sesiones de trabajo

Sesión nº 2. Las piezas del puzle: descubre tu rol	Contenidos didácticos	Metodología/Acciones formativas/Actividades	Agrup.	Espacio	Recursos	Crit/Ind (EVAL)	DUA
(2 horas) 15' Inicio	Los roles de los integrantes de un grupo.	Presentación de la sesión y organización de las actividades a realizar. Breve explicación introductoria sobre la importancia de los roles en los grupos y la tipología de roles.	GG	Aula	Presentación digital con esquemas visuales. Ordenador o dispositivo electrónico. Proyector.		1.1. 1.3- 3.1.
25' Test de roles grupales	Técnicas para mejorar el trabajo en grupo. La actitud tolerante y la empatía.	Cada estudiante completa un cuestionario, creado a través de la herramienta de gamificación Plickers https://get.plickers.com/, para identificar su rol predominante (líder, mediador, coordinador, etc.) dentro de un equipo. A continuación, se contestan unas preguntas para que contribuyan a la reflexión personal, a partir de la cumplimentación del test realizado de forma individual. Al finalizar, se comparten resultados de forma voluntaria.	IND	Aula	Herramienta Plickers, Ordenador o dispositivo electrónico, acceso a internet. Cuestionario rol predominante (Anexo 5) Instrumento de evaluación de análisis de respuestas obtenidas (Anexo 6) Diario de aprendizaje personal (Anexo 7)		1.3- 2.3-
50' Dinámica de roles	La confianza en el grupo. El equipo de trabajo. El reparto de tareas en el trabajo en grupo. Valoración del papel de la motivación en la dinámica grupal.	En equipos de trabajo, los estudiantes se organizan para desarrollar la dinámica de "la isla desierta", la cual favorece el reparto de tareas dentro del grupo y favorece la aplicación de técnicas para dinamizar los grupos. Cada estudiante asume un rol y, entre todos, deben resolver una situación ficticia de emergencia que se les presenta en una isla. Durante la actividad se alternan los roles para fomentar la flexibilidad en el desempeño, aplicando diferentes técnicas para mejorar el trabajo conjunto. Se registran en un Padlet, con columnas para cada equipo, los roles asumidos y las estrategias presentadas. Preguntas detonantes: ¿Qué rol desempeñaste primero? ¿Cómo te sentiste en ese rol? ¿Qué dificultades encontraste? ¿Qué estrategias propuso tu equipo para la supervivencia? ¿Qué rol crees que fue más efectivo y por qué? La finalidad de la actividad es que aprendan a fomentar el pensamiento crítico, la toma de decisiones y la cooperación dentro de un equipo.	PG (4/5 pers.)	Aula	Tarjeta informativa de las indicaciones a considerar en la dinámica. (Anexo 8) Padlet. Rúbrica de evaluación de la dinámica "la isla desierta" (Anexo 9) (Anexo 18)	a) b) e)	2.1. 2.2. 3.1. 3.2. 3.3.
30' Cierre		Cada equipo presenta sus conclusiones sobre qué roles funcionaron mejor y por qué al resto de los grupos a través de la herramienta digital Miro, https://www.www.miro.com, la cual ayuda a facilitar el trabajo en equipo interdisciplinario y organizar los contenidos recogidos. Reflexión general sobre las habilidades que se pueden mejorar.	GG PG (4/5 pers.)	Aula	Ordenador o dispositivo electrónico, acceso a internet. Herramienta digital Miro.		3.3.

Tabla 6. Secuencia didáctica de cada una de las sesiones de trabajo

	Contenidos didácticos	Metodología/Acciones formativas/Actividades	Agrup.	Espacio	Recursos	Crit/Ind (EVAL.)	DUA
(2 horas) 15' Inicio	Principales barreras para la comunicación grupal.	Presentación de la sesión y organización de las actividades a realizar. Breve explicación para introducir el concepto de comunicación en grupo y breve explicación de las barreras comunicativas.	GG	Aula	Presentación digital con esquemas visuales. Dispositivo electrónico. Proyector.		1.1. 1.3. 3.1.
25' Dinámica grupal	La comunicación en los grupos. Valoración de la importancia de la comunicación en el desarrollo del grupo.	Dinámica en la que se simulan barreras de comunicación (ruido ambiente, expresiones ambiguas, etc.) para evidenciar dificultades. En este caso se realiza el juego del "teléfono roto", se hace un gran círculo y se van cogiendo tarjetas con frases ambiguas para ir pasando la información de uno a uno, evitando que el resto de compañeros escuche la información que se va pasando. Tras finalizar la dinámica se plantea una lluvia de ideas que se van escribiendo en la pizarra sobre los errores/dificultades que han surgido y se proponen propuestas para corregirlos.	GG	Aula	Frases ambiguas, música para simular ruido ambiente. Pizarra. Rúbrica de evaluación del juego (Anexo 10)		1.1. 2.1. 2.2. 3.1. 3.2.
50' Role-play	Técnicas para mejorar el trabajo en grupo. Valoración del papel de la motivación en la dinámica grupal. La actitud tolerante y la empatía.	Divididos en grupos, los estudiantes representan el role-play conocido como "el dilema del residente". Se trata de simular una reunión de equipo profesional (en que intervienen diferentes profesionales) en la que deben resolver un conflicto que se da en una residencia de personas mayores utilizando técnicas de comunicación eficaz. El resto de equipos analizan mediante un DAFO las intervenciones de los compañeros y las técnicas de comunicación empleadas. Para finalizar, se ponen en común los diferentes análisis realizados para llegar a conclusiones comunes. Para ello, se utilizará la herramienta digital interactiva MIRO: https://miro.com/es/planificacion-estrategica/analisis-dafo/	PG (4/5 pers.)	Aula	Tarjetas con roles asignados, guía de pautas comunicativas. Lista de control de evaluación del role-play (Anexo 11) Plantilla para cumplimentar el análisis DAFO y puesta en común Herramienta digital interactiva MIRO)	f)	2.2. 3.2. 3.3.
30' Cierre		Por equipos se realiza un debate sobre la importancia de la comunicación en los equipos de trabajo. Las conclusiones se registran en un mural, destacando las claves para una comunicación eficaz. Para finalizar, se comparten los diferentes murales con todo el grupo clase.	PG (4/5 pers.)	Aula	Preguntas guiadas del debate. Cartulinas, rotuladores, post-it.		3.3.

Sesión nº: 3. Comunicar para conectar.

Tabla 6. Secuencia didáctica de cada una las sesiones de trabajo

Sesión nº: 4. Cooperar para avanzar.

	Contenidos didácticos	Metodología/Acciones formativas/Actividades	Agrup.	Espacio	Recursos	Crit/Ind (EVAL)	DUA
(2 horas) 15' Inicio	Aplicación de estrategias de trabajo cooperativo, La confianza en el grupo.	Presentación de la sesión y organización de las actividades a realizar. Breve explicación introductoria para recordar la importancia del trabajo cooperativo, puesto que es algo que, aunque no se ha explicado teóricamente de forma explícita, se ha ido trabajando a lo largo de las sesiones anteriores.	GG	Aula	Presentación digital con esquemas visuales. dispositivo electrónico. Proyector.	d) g) h)	1.1. 1.3. 3.1.
25' Dinámica grupal	Aplicación de estrategias de trabajo cooperativo.	Por equipos de trabajo, se realiza la "dinámica del nudo humano". Se trata de una actividad en la que el alumnado se coloca en círculo, entrelazando sus brazos al azar para formar un "nudo" que deben deshacer mediante comunicación y colaboración activa, teniendo en cuenta unas premisas que deben cumplir.	PG (6/7 pers.)		Tarjeta informativa de las indicaciones y premisas a considerar en la dinámica, (puede estar presentado en formato QR)		2.1. 2.2.
	El reparto de tareas en el trabajo en grupo.	Cuando finalizan, deben poner en común las dificultades encontradas y las fortalezas del equipo que han ayudado a deshacer el nudo, argumentando las técnicas utilizadas, incidiendo en aquellas que les hayan resultado efectivas.		Patio exterior o aula polivalente	(Anexo 12) Dispositivo electrónico, acceso a internet.		3.1.
	Los roles de los integrantes de un grupo.	Deben registrarse en un Padlet que se proyectará para que lo puedan visualizar todos los grupos y así comparar las respuestas anotadas.	GG	Aula	Padlet. Rúbrica de evaluación (Anexo 13)		3.2.
50' Taller práctico	La confianza en el grupo. La actitud tolerante y la empatía.	Se desarrolla un taller práctico por equipos, conocido como "El reto del puente de papel". Cada equipo construye un puente utilizando solo papel, tijeras y pegamento, aplicando técnicas de trabajo cooperativo trabajadas anteriormente. Al finalizar, se evalúa la estabilidad del puente y el desempeño del equipo a través de una rúbrica de evaluación.	PG (4/5 pers.)	Aula	Papel, tijeras, pegamento, cronómetro para marcar tiempos. Rúbrica de evaluación del desempeño (Anexo 14)		2.1. 2.3. 3.2. 3.3.
30' Cierre	Valoración del papel de la motivación en la dinámica grupal.	Puesta en común por equipos de trabajo sobre las técnicas empleadas, identificando los factores que favorecieron o dificultaron el trabajo cooperativo. Se irán anotando cada una de las conclusiones en diferentes post-it. Finalmente se comparten los análisis realizados por los diferentes equipos con todo el grupo clase y se exponen los diferentes post-it en un gran mural.	PG (4/5 pers.) GG	Aula	Rotuladores, post-it de colores, cartulina grande.		3.3.

114   Miguel Ángel Jiménez Rodríguez, Joana Calero Plaza, Mónica Montaño Merchán

Tabla 6. Secuencia didáctica de cada una de las sesiones de trabajo

Sesión nº 5: Barreras invisibles, soluciones visibles

Tiempo / Fase	Contenidos didácticos	Metodología/Acciones formativas/Actividades	Agrup.	Espacio	Recursos	Crit/Ind (EVAL)	DUA
(2 horas)							
15' Inicio	La actitud tolerante y la empatía.	Presentación de la sesión y organización de las actividades a realizar. Presentación del tema, destacando ejemplos reales de barreras en la comunicación en el entorno sociosanitario.	GG	Aula	Presentación digital con imágenes y vídeos cortos. Ordenador o dispositivo electrónico. Proyector.		1.1. 1.3. 3.1.
40' Análisis de casos reales	Principales barreras para la comunicación grupal.	Por equipos de trabajo, se facilitarán diferentes situaciones conflictivas que afectan a la comunicación dentro del sector sociosanitario a través de una serie de códigos QR. Cada grupo debe identificar las barreras presentes en cada caso y propondrá soluciones de cada situación analizada. Esta tarea se desarrollará en un panel creado a través de la herramienta Classroomscreen https://classroomscreen.com/, para favorecer el uso de las TIC y el aprendizaje colaborativo de forma dinámica, a través de esta pizarra digital en línea.	PG (4/5 pers.)	Aula	Ordenador o dispositivo electrónico, acceso a internet. Tarjetas de presentación de casos (Anexo 15) Códigos QR. Herramienta digital interactiva Classroomscreen Lista de verificación (Anexo 16)	e) f)	1.3. 2.2. 2.3.
40' Dinámica grupal	Valoración de la importancia de la comunicación en el desarrollo del grupo.	En diferentes grupos, organizados por equipos de trabajo, deben presentar una situación simulada inventada (role-play) en el ámbito de la atención a la Dependencia al resto de estudiantes, en la línea de los casos trabajados anteriormente, teniendo en consideración que cuentan con diferentes barreras comunicativas (por ejemplo, ruido, falta de contacto visual, distracciones, falta de información clara y concisa, falta de entendimiento entre algunos profesionales, etc.) que dificultan la resolución de dicha tarea conjunta. El alumnado que ejerce de público deberá identificar las barreras escenificadas y proponer estrategias para superarlas planteando un guion gráfico a través de la herramienta digital Storyboardthat: https://www.storyboardthat.com/	PG (4/5 pers.)	Aula	Auriculares, gafas, guantes. Herramienta digital Storyboardthat		2.1. 2.2. 3.1. 3.2.
25' Cierre	Principales barreras para la comunicación grupal.	A posteriori, se comparten los análisis realizados por los diferentes equipos con todo el grupo clase y se exponen las diferentes estrategias simuladas para superar las barreras.	GG	Aula	Ordenador o dispositivo electrónico. Proyector. Herramienta digital Storyboardthat Rúbrica de evaluación del análisis realizado y del Role- Play (Anexo 17)		3.3.

Las situaciones de aprendizaje en FP en la especialidad de Intervención Socio-comunitaria   115

Tabla 6. Secuencia didáctica de cada una de las sesiones de trabajo

	Contenidos didácticos	Metodología/Acciones formativas/Actividades	Agrup.	Espacio	Recursos	Crit/Ind (EVAL)	DUA
(2 horas) 10' Inicio	Aplicación de técnicas de trabajo en grupo.	Presentación de la sesión y organización de las actividades a realizar.	GG	Aula	Ordenador o dispositivo electrónico.	a)	1.1.
		Presentación del desafío final: simulación real de una situación profesional en la que se aborda una reunión de equipo interdisciplinar en el ámbito sociosanitario a partir de la asignación de roles y de las premisas a considerar.			Proyector. Instrucciones impresas con las fases del desafío y roles asignados.	b) c) d)	1.3. 3.1.
	Aplicación de estrategias de trabajo cooperativo.						
60' Simulación profesional	El equipo de trabajo.	Por equipos, el alumnado debe organizar una reunión de equipo en la que se presenten soluciones para mejorar la calidad de vida de una persona en situación de dependencia, teniendo en consideración las premisas estudiadas en las sesiones anteriores.	PG (4/5 pers.)	Aula	Tarjetas con roles asignados, fichas con datos del caso práctico, cronómetro para gestionar el tiempo.	e) f) g) h)	2.2. 2.3. 3.2.
	El reparto de tareas en el trabajo en grupo.	Cada miembro asumirá un rol específico (técnico en atención a personas en situación de dependencia, trabajador social, educador social, profesional sanitario, terapeuta ocupacional, psicólogo, cuidador, etc.). Deben grabarse en vídeo para que resulte más sencillo el análisis de desarrollado y las soluciones facilitadas integrando los elementos de las sesiones anteriores de la secuencia didáctica.			Dispositivo con cámara para grabar la reunión. Rúbrica de evaluación (Anexo 18)		
	Los roles de los integrantes de un grupo.						
		Puesta en común con todo el grupo clase.					
30'	Valoración de la importancia de la comunicación en el desarrollo del grupo.	Se cumplimenta una rúbrica para evaluar los diferentes aprendizajes adquiridos a lo largo de las seis sesiones.	IND	Aula	Ordenador o dispositivo electrónico. Proyector.		3.3.
20' Cierre Autoevaluación y coevaluación	Valoración del papel de la motivación en la dinámica grupal.	Cada estudiante completa una rúbrica de autoevaluación sobre su desempeño y realiza una coevaluación del trabajo en equipo de sus compañeros.	GG	Aula	Herramienta digital seleccionada. Rúbrica de autoevaluación sobre su desempeño (Anexo 19)		3.3.
	La confianza en el grupo.	Para la cumplimentación de los instrumentos de evaluación se pueden utilizar herramientas didácticas como Google Forms o Quizalize https://www.quizalize.com/					
	La actitud tolerante y la empatía.	Puesta en común para identificar las fortalezas y áreas de mejora en el desempeño grupal e individual a partir de una de las herramientas digitales utilizada, se escogerá la que el grupo elija por mayoría.			Rúbrica de coevaluación del trabajo en equipo de sus compañeros. (Anexo 20)		

Anexos

Anexos 1

Lista de verificación - Rompehielos "La telaraña de las conexiones".

Nombre del estudiante: _____

Fecha: _____

CRITERIOS DE EVALUACIÓN	Sí	No
El estudiante participa de forma activa en la dinámica.	☐	☐
Explica claramente su habilidad o fortaleza en el grupo.	☐	☐
Escucha de forma activa a sus compañeros.	☐	☐
Demuestra respeto hacia las intervenciones de los demás.	☐	☐

Anexo 2

Cuestionario de visualización guiada de preguntas abiertas (Cortometraje sobre trabajo en equipo vs trabajo individual).

Nombre del estudiante: _____

Fecha: _____

Preguntas guía:

1. ¿Qué elementos clave del trabajo en grupo has identificado en el cortometraje?

2. ¿Cómo se reparten los roles dentro del equipo protagonista?

3. ¿Qué dificultades afrontó el grupo y cómo lograron resolverlas?

4. ¿Qué habilidades crees que fueron más importantes para el éxito del grupo?

Propuesta de vídeo: *"El Puente"* (cortometraje de animación sobre trabajo en equipo y resolución de conflictos).

Anexo 3

Rúbrica de evaluación. Actividad grupal "El equipo ideal".

Nombre del grupo: _____

Fecha: _____

Puntuación total: _____ /20

Criterio de evaluación	Excelente (4)	Notable (3)	Suficiente (2)	Insuficiente (1)	Puntuación
Escala de rango de puntuación	18 - 20 puntos	15 - 17 puntos	10 - 14 puntos	Menos de 10 puntos	
Diseño del equipo con roles bien definidos	Roles claros y bien distribuidos.	Roles claros, pero poco equilibrados.	Algunos roles definidos, pero no claros.	Roles no definidos o asignación confusa.	___ /4
Argumentación del valor de cada integrante en el grupo.	Argumentación clara y bien razonada.	Argumentación aceptable.	Argumentación escasa o poco clara.	No se argumenta el valor de cada integrante.	___ /4
Exposición del trabajo	Explicación clara, concisa y bien estructurada.	Explicación clara pero algo desordenada.	Explicación poco clara.	No se expone o es muy confusa.	___ /4
Respeto a las diferencias individuales en el trabajo en equipo	Se respetan y valoran las diferencias individuales, fomentando la inclusión.	Se respetan las diferencias individuales, aunque con algunas dificultades.	Se respeta en general, pero con intervenciones poco inclusivas.	No se respetan las diferencias individuales.	___ /4
Claridad en la expresión de ideas y argumentación	Expone sus ideas de forma clara y estructurada, justificándolas con argumentos sólidos y ejemplos.	Expone sus ideas con claridad, aunque con argumentos mejorables.	No expresa sus ideas con claridad o sus argumentos son insuficientes.	Expone sus ideas de forma confusa o sin argumentación.	___ /4

Observaciones del Docente:

Anexo 4

Rúbrica de Evaluación: Elementos y dinámica de los grupos.

Nombre del estudiante: _____

Fecha: _____

Puntuación total: _____/70

Criterios de evaluación	Nivel 1 (Insuficiente) (0-2 puntos)	Nivel 2 (Aceptable) (3-5 puntos)	Nivel 3 (Notable) (6-8 puntos)	Nivel 4 (Excelente) (9-10 puntos)
Comprensión del concepto de grupo y sus elementos fundamentales	☐ No demuestra comprensión sobre el concepto de grupo ni sus elementos.	☐ Identifica algunos elementos clave, pero con errores o poca claridad.	☐ Explica correctamente los elementos fundamentales del grupo y su influencia en la dinámica grupal.	☐ Explica con precisión los elementos fundamentales y aporta ejemplos de cómo influyen en la dinámica grupal.
Análisis de factores que modifican la dinámica del grupo	☐ No menciona factores que afectan la dinámica grupal.	☐ Menciona algunos factores, pero sin explicarlos en profundidad.	☐ Explica de forma clara varios factores que afectan la dinámica grupal.	☐ Analiza con profundidad y ejemplos los factores que modifican la dinámica grupal.
Reflexión sobre las ventajas del trabajo en equipo frente al individual	☐ No participa en la reflexión o no menciona ninguna ventaja.	☐ Menciona ventajas de forma superficial o sin relacionarlas con la dinámica del grupo.	☐ Explica con claridad varias ventajas del trabajo en equipo y las relaciona con la dinámica grupal.	☐ Reflexiona de forma crítica sobre las ventajas del trabajo en equipo, justificando su importancia con ejemplos.
Participación en la actividad "La telaraña de las conexiones"	☐ No participa o su intervención es mínima.	☐ Participa, pero sin relacionar su habilidad con la dinámica del grupo.	☐ Participa activamente, relacionando su habilidad con el grupo de manera adecuada.	☐ Participa de manera reflexiva y significativa, destacando la importancia de su habilidad en el grupo.
Análisis del cortometraje "El Puente" y aportaciones en Mentimeter	☐ No aporta ideas sobre el cortometraje o sus aportaciones son irrelevantes.	☐ Aporta ideas básicas, pero sin mucha elaboración.	☐ Aporta ideas claras y relevantes sobre los elementos clave del grupo observado en el corto.	☐ Aporta ideas bien fundamentadas y analiza con profundidad la relación del corto con la dinámica grupal.
Elaboración del "equipo ideal" y publicación en Padlet	☐ No contribuye a la elaboración del equipo ideal o lo hace de manera superficial.	☐ Contribuye a la actividad, pero con ideas poco elaboradas o sin cohesión.	☐ Diseña un equipo con roles y habilidades bien definidos.	☐ Diseña un equipo detallado, justificando la elección de roles y habilidades con argumentos sólidos.
Reflexión individual sobre su rol en un equipo (Mentimeter)	☐ No realiza la reflexión o lo hace de manera superficial.	☐ Expresa de manera general su rol en un equipo, sin detalles.	☐ Reflexiona sobre su papel en un equipo, describiendo sus habilidades.	☐ Reflexiona de manera profunda y autocrítica sobre su rol y habilidades en un equipo.

Escala de Puntuación

- Excelente (9-10) · 56-70 puntos
- Notable (7-8) · 43-55 puntos
- Aceptable (5-6) · 29-42 puntos
- Insuficiente (1-4) · 0-28 puntos

Anexo 5

Cuestionario para identificar el rol predominante del estudiante en un equipo.

Nombre del estudiante: _____

Fecha: _____

Test: Identifica tu rol predominante en un equipo

Instrucciones: selecciona la opción que mejor refleje tu comportamiento habitual en un equipo.

1. Cuando trabajas en equipo, lo que más disfrutas es...

a. Generar nuevas ideas y soluciones innovadoras.

b. Organizar tareas y asegurarte de que todo se haga a tiempo.

c. Ayudar a que todos se sientan cómodos y motivados.

d. Analizar los problemas y buscar la mejor solución posible.

e. Mediar en conflictos y garantizar un buen ambiente de trabajo.

f. Liderar y tomar decisiones para alcanzar los objetivos.

g. Asegurar que las ideas sean prácticas y puedan aplicarse de manera efectiva.

2. En una discusión de equipo, tu papel suele ser...

a. Aportar muchas ideas y proponer soluciones creativas.

b. Mantener el orden y asegurarte de que se sigan los pasos adecuados.

c. Escuchar activamente y promover la participación de todos.

d. Cuestionar las ideas para asegurarte de que sean viables y lógicas.

e. Intervenir si hay tensiones para que haya una comunicación armoniosa.

f. Dirigir el debate y tomar decisiones cuando sea necesario.

g. Centrarte en la parte práctica y en cómo llevar las ideas a la acción.

3. Si un compañero de equipo tiene dificultades con una tarea, tú...

a. Le sugieres una forma creativa de abordarla.

b. Le ayudas a organizarse mejor.

c. Le animas y tratas de que se sienta apoyado.

d. Le muestras posibles errores o mejoras en su trabajo.

e. Intervienes para resolver cualquier tensión que pueda haber.

f. Asumes la responsabilidad y tomas el control de la situación.

g. Le muestras una manera práctica y eficiente de hacerlo.

4. ¿Cuál de estas frases te representa mejor?

a. "Siempre tengo nuevas ideas para mejorar el trabajo."

b. "Me gusta que todo esté bien planificado y organizado."

c. "El equipo es más fuerte cuando todos se sienten bien."

d. "Prefiero analizar todo antes de tomar una decisión."

e. "Si hay problemas, me gusta ayudar a solucionarlos."

f. "No tengo miedo de tomar la iniciativa y liderar."

g. "Prefiero hacer cosas prácticas y llevar las ideas a la acción."

5. ¿Qué prefieres hacer en un proyecto grupal?

a. Innovar y proponer ideas originales.

b. Planificar y definir cada paso del proceso.

c. Asegurar que todos se sientan incluidos y motivados.

d. Evaluar la viabilidad de cada idea antes de implementarla.

e. Resolver malentendidos y fomentar la colaboración.

f. Tomar el control y guiar al grupo hacia los objetivos.

g. Poner manos a la obra y hacer que las cosas sucedan.

Interpretación de resultados

- **Creador / Innovador (mayoría de A)** →Destaca por aportar ideas nuevas y soluciones creativas.

- **Coordinador / Planificador (mayoría de B)** → Persona organizada, se asegura de que el equipo siga un plan estructurado.

- **Motivador / Cohesionador (mayoría de C)** → Se preocupa por el bienestar del equipo y fomenta un ambiente positivo.

- **Analista / Crítico (mayoría de D)** →Le gusta evaluar cada detalle y asegurarse de que todo sea lógico y viable.

- **Mediador / Comunicador (mayoría de E)** → Destaca en resolver conflict os y asegurar la armonía en el grupo.

- **Líder / Estratega (mayoría de F)** → Tomas la iniciativa y guías al equipo hacia sus objetivos.

- **Implementador / Realizador (mayoría de G)** → Eres práctico y te centras en hacer que las ideas se conviertan en realidad.

Anexo 6

Instrumento para evaluar las respuestas del cuestionario sobre el rol predominante en un equipo.

Nombre del estudiante: _____

Fecha: _____

Instrucciones para el evaluador: para cada respuesta del estudiante, marca la opción que mejor describa su nivel de desarrollo en función de los criterios de evaluación.

Puntuación total: _____/ 16

A. COHERENCIA EN LAS RESPUESTAS (Las respuestas reflejan un perfil de rol claro y consistente)

☐ 1. Las respuestas son contradictorias o no muestran un patrón claro.

☐ 2. Hay cierta coherencia, pero algunas respuestas son inconsistentes.

☐ 3. Se observa una tendencia clara hacia un rol predominante.

☐ 4. Las respuestas son completamente coherentes y reflejan con precisión un rol predominante.

REFLEXIÓN SOBRE EL ROL PREDOMINANTE (*Demuestra comprensión sobre su papel en un equipo*)

☐ 1. No muestra reflexión ni reconocimiento del rol propio.

☐ 2. Muestra cierta conciencia de su rol, pero con poca profundidad.

☐ 3. Identifica su rol y menciona algunas características relacionadas.

☐ 4. Refleja una comprensión profunda de su rol y cómo impacta en el equipo.

JUSTIFICACIÓN DE RESPUESTAS (*Si el test incluye respuestas abiertas, se valora el razonamiento detrás de la elección de opciones*)

☐ 1. No se justifican las respuestas o son vagas.

☐ 2. Algunas respuestas incluyen justificación, pero son superficiales.

☐ 3. Las respuestas están bien argumentadas, con ejemplos o razonamientos adecuados.

☐ 4. Justifica sus respuestas con reflexiones profundas y ejemplos concretos.

APLICACIÓN AL TRABAJO EN EQUIPO (*Conexión de los resultados del test con experiencias previas o futuras en equipos de trabajo*)

☐ 1. No relaciona su rol con experiencias en equipos.

☐ 2. Hace alguna conexión, pero sin ejemplos claros.

☐ 3. Relaciona su rol con experiencias personales o profesionales.

☐ 4. Explica con claridad cómo su rol influye en su desempeño en equipos y propone mejoras.

- Nivel excelente (**14-16 puntos**): Demuestra autoconocimiento profundo y aplica su aprendizaje al trabajo en equipo.

- Nivel alto (**11-13 puntos**): El estudiante reconoce su rol con coherencia y ofrece justificaciones adecuadas.

- Nivel medio (**7-10 puntos**): Se identifica un rol, pero con poca justificación o aplicación.

- Nivel bajo (**1-6 puntos**): No hay una identificación clara del rol en el equipo.

Anexo 7

Diario de aprendizaje – Reflexión individual sobre los resultados obtenidos en el cuestionario de rol predominante en los equipos.

Nombre del estudiante: _____

Fecha: _____

Preguntas para la reflexión:

1. ¿Qué rol identificaste en el test y cómo te sentiste representando ese rol?

2. ¿Qué dificultades encontraste al asumir tu rol durante la dinámica "La isla desierta"?

3. ¿Qué habilidades crees que podrías mejorar para desempeñar mejor tu rol en el futuro?

Anexo 8

Tarjetas informativas de roles para la actividad *"La isla desierta"*.

Instrucciones. Cada estudiante debe asumir uno de estos roles durante la actividad. Después de un tiempo determinado, los roles se intercambian.

TARJETAS DE ROLES

<u>LÍDER COORDINADOR</u>

💼 Tareas principales:

✓ Organizar el equipo y distribuir tareas.

✓ Mantener la comunicación fluida entre los miembros.

✓ Tomar decisiones cuando haya desacuerdo.

🎯 Habilidades trabajadas: Liderazgo, toma de decisiones, gestión de equipos.

CREATIVO/INNOVADOR

💪 Tareas principales:
✓ Buscar soluciones innovadoras para sobrevivir en la isla.
✓ Identificar materiales útiles y formas de aprovecharlos.
✓ Fomentar ideas creativas en el equipo.

🎯 Habilidades trabajadas: Pensamiento creativo, resolución de problemas, adaptabilidad.

MEDIADOR/NEGOCIADOR

💪 Tareas principales:
✓ Resolver conflictos dentro del equipo.
✓ Buscar consensos en la toma de decisiones.
✓ Asegurar que todas las voces sean escuchadas.

🎯 Habilidades trabajadas: Comunicación, empatía, resolución de conflictos.

ANALISTA/PLANIFICADOR

💪 Tareas principales:
✓ Evaluar los riesgos y oportunidades en la isla.
✓ Planificar la mejor estrategia de supervivencia.
✓ Analizar las fortalezas y debilidades del equipo.

🎯 Habilidades trabajadas: Pensamiento crítico, organización, estrategia.

Anexo 9

Rúbrica de evaluación: actividad "la isla desierta"

Nombre del estudiante: _____

Fecha: _____

Puntuación total: _____ / 28

Criterios de Evaluación	Excelente (4)	Bien (3)	Aceptable (2)	Necesita mejorar (1)	Puntuación
Interpretación Puntuación	23 - 28 puntos	17- 22 puntos	12 - 16 puntos	Menos de 12 puntos	
Participación activa	Participa de forma constante, aportando ideas y colaborando en todo momento.	Participa de manera frecuente, aportando ideas y ayudando al equipo.	Participa de manera ocasional, con aportaciones limitadas.	Su participación es mínima o nula.	___/4
Desempeño del rol asignado	Asume el rol de manera proactiva, demostrando comprensión y liderazgo.	Cumple con su rol de manera adecuada, aunque con margen de mejora.	Desempeña su rol con dificultades y poca implicación.	No asume el rol asignado o su contribución es insuficiente.	___/4
Trabajo en equipo y cooperación	Colabora activamente con el equipo, respetando turnos y fomentando un buen clima.	Trabaja en equipo con actitud positiva y respeta a sus compañeros.	Presenta dificultades para trabajar en equipo o mostrar empatía.	No coopera con el equipo o genera conflictos.	___/4
Selección y aplicación de técnicas para mejorar el trabajo en grupo	Identifica y aplica de manera efectiva diferentes técnicas de dinamización que mejoran el trabajo en equipo.	Aplica algunas técnicas de dinamización, aunque con margen de mejora.	Aplica técnicas de manera superficial o con poca efectividad.	No aplica ninguna técnica para mejorar el trabajo en grupo.	___/4
Pensamiento crítico y resolución de problemas	Propone soluciones creativas y viables para la supervivencia.	Propone soluciones interesantes, aunque con limitaciones.	Sus soluciones son básicas y poco elaboradas.	No contribuye con ideas para la resolución del problema.	___/4
Respeto a las diferencias individuales en el trabajo en equipo	Se respetan y valoran las diferencias individuales, fomentando la inclusión.	Se respetan las diferencias individuales, aunque con algunas dificultades.	Se respeta en general, pero con intervenciones poco inclusivas.	No se respetan las diferencias individuales.	___/4
Reflexión final y análisis de la experiencia	Explica con claridad qué roles fueron más efectivos y justifica con argumentos sólidos.	Identifica los roles efectivos y explica su importancia con algunas justificaciones.	Muestra una comprensión limitada sobre los roles y su impacto.	No realiza una reflexión clara sobre la experiencia.	___/4

Anexo 10

Rúbrica de evaluación actividad el "teléfono roto"

Nombre del estudiante: _____

Equipo: _____

Fecha: _____

Puntuación total: _____ / 20

Criterios de Evaluación	Excelente (4)	Bien (3)	Aceptable (2)	Necesita mejorar (1)	
Interpretación Puntuación	17- 20 puntos	13 - 16 puntos	15 – 12 puntos	Menos de 12 puntos	Puntuación
Participación activa	Participa en la dinámica con entusiasmo, respetando turnos y contribuyendo al grupo.	Participa en la dinámica de forma adecuada, aunque con algunas interrupciones.	Participa de manera limitada y con escaso entusiasmo.	Apenas participa en la dinámica o se muestra indiferente.	___ /4
Claridad en la comunicación	Transmite el mensaje de forma clara y precisa, minimizando distorsiones.	Transmite el mensaje con algunas imprecisiones, pero mantiene la coherencia.	El mensaje pierde claridad y genera confusión en el equipo.	No logra transmitir el mensaje de forma comprensible.	___ /4
Escucha activa	Presta total atención al mensaje recibido y lo transmite con fidelidad.	Escucha el mensaje con atención, pero omite pequeños detalles.	Presenta dificultades para retener la información y transmitirla correctamente.	No presta atención y altera significativamente el mensaje recibido.	___ /4
Identificación de errores y propuestas de mejora	Identifica con precisión los errores de comunicación y propone soluciones efectivas.	Reconoce los errores y plantea algunas mejoras viables.	Identifica los errores de manera superficial y sin propuestas claras.	No identifica errores ni sugiere mejoras.	___ /4
Reflexión sobre la importancia de la comunicación	Explica claramente la relevancia de comunicación efectiva y su impacto en el trabajo en equipo.	Reflexiona sobre la importancia de la comunicación con algunos ejemplos.	Su reflexión es limitada y poco argumentada.	No logra relacionar la actividad con la importancia de la comunicación.	___ /4

Anexo 11

Lista de control de evaluación del role-play "El dilema del residente".

Nombre del estudiante: _____

Equipo: _____

Fecha: _____

Instrucciones para el evaluador. Marca con una "✓" si el criterio se cumple o con una "x" si no se cumple.

Criterios de Evaluación	Sí (✓)	No (x)	Observaciones
Participación activa en la reunión simulada			
Respeto a los turnos de palabra y escucha activa			
Uso adecuado de técnicas de comunicación eficaz (empatía, claridad, asertividad, etc.)			
Coherencia en la argumentación de su postura			
Capacidad para negociar y llegar a acuerdos en equipo			
Aportación de soluciones realistas y aplicables al conflicto planteado			
Respeto y consideración hacia los diferentes puntos de vista			
Capacidad de adaptación a su rol profesional dentro del equipo			
Reflexión final sobre el desempeño del equipo y las estrategias utilizadas			

Valoración general y feedback del docente:

Anexo 12

Premisas que los equipos de trabajo deben cumplir durante la dinámica del "nudo humano".

1. Mantener el contacto visual y la comunicación activa: Cada miembro debe expresar sus ideas y estrategias para deshacer el nudo sin soltarse de las manos.

2. No soltar las manos en ningún momento: La única forma de deshacer el nudo es mediante la coordinación y el movimiento en equipo.

3. Escuchar activamente a los compañeros: No solo hablar, sino también prestar atención a las sugerencias de los demás.

4. Respetar los turnos de palabra: No interrumpir y permitir que todos puedan proponer soluciones.

5. Tener en cuenta las capacidades de cada integrante: Respetar el ritmo y las posibilidades de todos los participantes.

6. Evitar moverse de manera brusca o empujar: La seguridad y comodidad del equipo son prioritarias.

7. Fomentar la cooperación y el consenso: No imponer una solución sin que el grupo la valore previamente.

8. Al finalizar, reflexionar sobre el proceso: Discutir qué estrategias fueron más eficaces, qué dificultades se encontraron y qué aspectos del trabajo en equipo fueron claves.

Anexo 13

Rúbrica para evaluar el Padlet de la actividad "El nudo humano".

Nombre del estudiante: _____

Fecha: _____

Puntuación total: _____ /16

Criterios de Evaluación	Excelente (4)	Bien (3)	Aceptable (2)	Necesita mejorar (1)	Puntuación
Interpretación Puntuación	14 - 16 puntos	10 - 13 puntos	6 - 9 puntos	Menos de 6 puntos	
Claridad y profundidad de la reflexión	La reflexión es detallada, con argumentos sólidos sobre dificultades y estrategias usadas.	La reflexión es clara y argumentada, pero podría profundizar más.	Se identifican dificultades y estrategias, pero con poca argumentación.	La reflexión es superficial o poco clara.	____ /4
Relevancia de las estrategias mencionadas	Las estrategias mencionadas son adecuadas y aplicables a otros contextos.	Se identifican estrategias relevantes, pero sin mucha conexión con otros contextos.	Se mencionan estrategias básicas sin suficiente análisis.	No se identifican estrategias o son irrelevantes.	____ /4
Participación y colaboración	Todos los miembros del equipo contribuyen con aportaciones significativas en el Padlet.	La mayoría del equipo participa activamente.	Solo algunos miembros aportan contenido.	Poca o nula participación en la plataforma.	____ /4
Uso adecuado del lenguaje	Expresión clara, sin errores gramaticales, con un lenguaje inclusivo y respetuoso.	Buena expresión, aunque con algunos errores menores.	Expresión con errores gramaticales o frases poco comprensibles.	Lenguaje confuso o inadecuado.	____ /4

Anexo 14

Rúbrica de evaluación del taller "El reto del puente de papel".

Nombre del estudiante: _____

Equipo: _____

Fecha: _____

Puntuación total: ____ /36

Criterios de Evaluación	Excelente (4)	Bien (3)	Aceptable (2)	Necesita mejorar (1)	
Interpretación Puntuación	32 - 36 puntos	26 - 31 puntos	20 - 25 puntos	Menos de 20 puntos	Puntuación
Planificación del trabajo en equipo	El equipo organiza y planifica de forma eficiente y efectiva.	El equipo se organiza bien, con algunos desajustes menores.	La organización es confusa, pero el equipo completa la tarea.	No hay planificación o la organización es ineficaz.	____ /4
Colaboración y reparto de tareas	Todos los miembros del equipo colaboran activamente, las tareas están bien distribuidas.	La mayoría de las tareas están bien distribuidas, con algo de desajuste.	La distribución de tareas es desigual y la colaboración es limitada.	La falta de colaboración es evidente y el reparto de tareas es deficiente.	____ /4
Creatividad e innovación en el diseño	El diseño del puente es altamente innovador y demuestra gran creatividad.	El diseño es interesante, aunque podría haberse explorado más.	El diseño es básico, sin explorar muchas alternativas.	El diseño es repetitivo y sin innovación.	____ /4
Uso eficiente de los materiales	Los materiales se usan de manera eficiente, sin desperdicios innecesarios.	Los materiales son bien gestionados, pero podría haberse optimizado más.	El uso de materiales es excesivo o mal gestionado.	El equipo desperdicia materiales y no los usa eficientemente.	____ /4
Estabilidad y funcionalidad del puente	El puente es completamente estable y cumple con la función prevista.	El puente es estable, aunque con algunos pequeños fallos.	El puente es débil y cumple parcialmente con su función.	El puente no es funcional o se cae fácilmente.	____ /4
Resolución de problemas y adaptación	El equipo gestiona imprevistos de manera efectiva, adaptándose a los desafíos.	El equipo resuelve algunos problemas, pero con algunos contratiempos.	La resolución de problemas es mínima, sin explorar opciones.	El equipo no logra resolver problemas durante la actividad.	____ /4
Trabajo en equipo y cooperación	El equipo demuestra una colaboración activa, respetando turnos y escuchando opiniones.	El equipo trabaja bien junto, con algunas pequeñas dificultades de comunicación.	El trabajo en equipo es limitado, con dificultad para colaborar.	El equipo no coopera, y surgen conflictos que afectan el desarrollo.	____ /4
Reflexión final y análisis de la experiencia	La reflexión sobre el trabajo en equipo es profunda y bien argumentada.	Se presenta una reflexión adecuada, aunque con algunos aspectos no desarrollados.	La reflexión es básica y carece de detalles importantes.	No hay reflexión clara sobre el proceso y el trabajo en equipo.	____ /4
Respeto a las diferencias individuales en el trabajo en equipo	Se valoran y respetan las diferencias individuales, creando un ambiente inclusivo.	Se respetan las diferencias, aunque hay algunas dificultades en la integración.	Se respetan las diferencias en general, pero con poca inclusión activa.	No se respetan las diferencias, o se excluye a algunos miembros del equipo.	____ /4

Observaciones del Docente

Anexo 15

Ejemplos prácticos de casos reales.

Caso 1: "Comunicación truncada en la residencia"

En una residencia de mayores, un auxiliar de enfermería no logra comunicarse con una persona mayor que presenta deterioro auditivo severo. La persona mayor se muestra irritable y se niega a colaborar en la rutina diaria de higiene personal. El auxiliar eleva el tono de voz y el residente se pone aún más nervioso. ¿Qué barreras están presentes? ¿Qué estrategias se pueden aplicar para resolver la situación?

Feedback para el alumnado tras el desarrollo del Caso 1:

Las barreras comunicacionales en la residencia están relacionadas principalmente con las limitaciones auditivas y la falta de empatía en la interacción. Es crucial utilizar estrategias adecuadas para facilitar la comunicación, como el uso de ayudas técnicas y mantener una actitud de respeto y paciencia.

Caso 2: "El equipo dividido"

En un centro de día, el equipo de profesionales está dividido por conflictos internos. Durante una reunión, dos trabajadoras discuten constantemente y dificultan el avance en la toma de decisiones. ¿Qué barreras están interfiriendo en la comunicación del equipo? ¿Qué técnicas se podrían implementar para favorecer la cohesión grupal?

Feedback para el alumnado tras el desarrollo del Caso 1:

En el contexto del centro de día, los conflictos interpersonales y la falta de comunicación asertiva dificultan la cohesión grupal. Se necesita trabajar la empatía y el respeto dentro del equipo, fomentando un ambiente de comunicación abierta y resolución de conflictos mediante un liderazgo adecuado.

Anexo 16

Lista de control para evaluación de Casos Reales. Comunicación en el Ámbito de la Atención Sociosanitaria.

Nombre del estudiante: _____

Equipo: _____

Fecha: _____

Puntuación total: ____/30

Criterio de evaluación	Sí	No	Total
Identifica correctamente las barreras comunicativas presentes en los casos	☐	☐	
¿Ha identificado las barreras principales que dificultan la comunicación (físicas, emocionales, actitudinales, etc.)?	☐	☐	
¿Ha reconocido las dificultades tanto del receptor (persona mayor o miembros del equipo) como del emisor (auxiliar o profesionales del centro)?	☐	☐	
Proporciona soluciones realistas y adecuadas para mejorar la comunicación	☐	☐	
¿Las soluciones que propone son prácticas y aplicables en el contexto planteado?	☐	☐	
¿Las estrategias son adecuadas para resolver las barreras identificadas? (Ej.: uso de ayudas técnicas, mediación, escucha activa, etc.)	☐	☐	
Explica de forma clara y razonada las medidas propuestas.	☐	☐	
¿La explicación de las soluciones es sencilla y comprensible?	☐	☐	
¿Justifica por qué las estrategias propuestas son las más adecuadas para mejorar la situación?	☐	☐	
¿El estudiante ha detallado cómo se implementarían las soluciones de manera práctica?	☐	☐	

Escala de Puntuación

Puntuación	Descripción
3	El criterio se cumple de forma excelente, con una explicación clara, razonada y completamente aplicable al caso.
2	El criterio se cumple de manera adecuada, pero podría ser más detallado o preciso en la explicación.
1	El criterio se cumple de manera parcial, hay algunos aspectos importantes que no se abordan correctamente.
0	El criterio no se cumple, no se identifica o no se justifica adecuadamente.

Anexo 17

Rúbrica de Evaluación para Role-Play y Análisis de Barreras Comunicativas en el Ámbito de la Atención Sociosanitaria.

Nombre del estudiante: _____

Equipo: _____

Fecha: _____

Puntuación total: ____ /24

Criterio de Evaluación	Excelente (4)	Bueno (3)	Suficiente (2)	Insuficiente (1)	Puntuación
Interpretación Puntuación	21 - 24 puntos	17- 20 puntos	13 - 16 puntos	Menos de 12 puntos	
Identificación de barreras comunicativas	Identifica de manera precisa y completa todas las barreras presentes en el role-play.	Identifica la mayoría de las barreras, pero omite algunos detalles importantes.	Identifica algunas barreras, pero faltan elementos clave.	No identifica correctamente las barreras comunicativas o no las menciona.	____ /4
Propuestas de estrategias para superar barreras	Propone soluciones claras, creativas y realistas para superar todas las barreras identificadas.	Propone soluciones adecuadas, pero con algunas limitaciones o falta de creatividad.	Propone soluciones básicas, poco elaboradas o poco realistas.	No propone soluciones viables o adecuadas para superar las barreras.	____ /4
Presentación y desarrollo del role-play	La representación es clara, bien organizada y refleja de manera efectiva las barreras comunicativas.	La representación es clara, pero hay ciertos desajustes en la organización o desarrollo.	La representación es comprensible, pero carece de detalles importantes o tiene fallos evidentes.	La representación no refleja adecuadamente las barreras comunicativas y carece de estructura.	____ /4
Colaboración en el grupo	Todos los miembros del grupo participan activamente y colaboran de manera efectiva en el role-play.	La mayoría del grupo participa activamente, aunque algunos miembros son menos involucrados.	La participación del grupo es desigual; algunos miembros no colaboran plenamente.	No hay colaboración efectiva en el grupo; algunos miembros no participan.	____ /4
Creatividad en el guion gráfico de estrategias	El guion gráfico es altamente creativo, visualmente atractivo y refleja de manera clara y completa las estrategias propuestas.	El guion gráfico es claro y muestra las estrategias de manera adecuada, pero le falta creatividad o detalle.	El guion gráfico presenta las estrategias de manera básica, con poco desarrollo visual.	El guion gráfico es incompleto, difícil de entender o no refleja las estrategias propuestas.	____ /4
Análisis final y discusión con el grupo clase	El análisis y la discusión final son detallados, reflexivos y bien argumentados.	El análisis es claro y reflexivo, aunque podría profundizar más en algunos puntos.	El análisis es básico y carece de profundidad en algunos aspectos importantes.	No se realiza un análisis adecuado o la discusión es superficial y poco reflexiva.	____ /4

Anexo 18

Rúbrica para evaluar la simulación de una Reunión Interdisciplinar en el ámbito sociosanitario.

Nombre del estudiante: _____

Equipo: _____

Fecha: _____

Puntuación total: ____ /28

Criterio de Evaluación	Excelente (4)	Bueno (3)	Suficiente (2)	Insuficiente (1)	
Interpretación Puntuación	24 - 28 puntos	19- 23 puntos	14 - 18 puntos	Menos de 13 puntos	Puntuación
Participación activa y asunción del rol	El estudiante asume su rol de manera proactiva y aporta ideas claras y relevantes a lo largo de la reunión.	El estudiante participa activamente, aunque con aportaciones limitadas o poco claras.	El estudiante participa ocasionalmente o con dificultad para asumir su rol.	El estudiante no participa activamente o no asume su rol adecuadamente.	___ /4
Calidad de las propuestas de solución	Las propuestas son innovadoras, viables y bien fundamentadas, considerando todas las premisas estudiadas.	Las propuestas son viables y bien fundamentadas, aunque podrían ser más innovadoras o detalladas.	Las propuestas son básicas y con poca fundamentación.	Las propuestas no están bien fundamentadas o no abordan adecuadamente la situación.	___ /4
Trabajo en equipo y colaboración	El estudiante colabora de manera efectiva con el grupo, respetando turnos y construyendo sobre las ideas de los demás.	El estudiante colabora de manera positiva, aunque en ocasiones podría mejorar su escucha activa o respeto a los turnos.	El estudiante tiene dificultades para colaborar eficazmente o no respeta a los demás miembros del grupo.	El estudiante no colabora con el grupo o genera conflictos.	___ /4
Aplicación de los conocimientos teóricos	El estudiante aplica de manera efectiva los conceptos teóricos sobre trabajo en equipo, comunicación y dinámica grupal.	El estudiante integra los contenidos y aplica bien los conceptos teóricos, aunque con algunas imprecisiones.	El estudiante muestra una comprensión básica de los contenidos, con algunas dificultades en su integración. Los aplica de manera muy superficial	El estudiante no integra correctamente los contenidos en la actividad. No aplica los conceptos teóricos de forma adecuada.	___ /4
Capacidad de aplicar estrategias de comunicación	Utiliza estrategias de comunicación claras y efectivas, promoviendo la cooperación.	Utiliza estrategias adecuadas, aunque con algunos fallos.	Su comunicación es confusa y limita la cooperación en el equipo.	No aplica estrategias de comunicación efectivas.	___ /4
Claridad y estructura de la presentación	La presentación es clara, bien organizada y coherente, siguiendo un hilo conductor lógico y presentando las ideas de manera ordenada.	La presentación es clara y organizada, aunque podría mejorar en algunos aspectos como el orden de exposición.	La presentación es algo desordenada o poco clara en algunos puntos clave.	La presentación carece de estructura y es difícil de ente	___ /4
Reflexión y análisis posterior	El análisis final es completo, reflexivo y detallado, identificando los aspectos clave y proponiendo mejoras claras.	El análisis es adecuado, pero podría ser más profundo o detallado en algunos puntos.	El análisis es básico y no aborda todos los aspectos clave de la actividad.	El análisis es superficial o no se realiza.	___ /4

Anexo 19

Rúbrica de autoevaluación del desempeño en la secuencia didáctica.

Nombre del estudiante: _____

Fecha: _____

Puntuación total: ____ /48 [*12 (criterios)×4 (puntos máximos por acierto) =48 puntos máx.*]

Instrucciones: Lee cada afirmación y valora tu desempeño según la siguiente escala de color, marca la que corresponda:

🌐 4. Lo hago siempre y con seguridad

🌐 3. Lo hago con frecuencia, pero con margen de mejora

🌐 2. Lo hago a veces, pero necesito reforzarlo

⬤ 1. Me cuesta mucho o no lo he logrado

1. Conocimientos sobre el grupo y su dinámica

Ítem	4	3	2	1
Comprendo los elementos fundamentales de un grupo y cómo influyen en su dinámica.	●	●	●	●
Identifico factores que pueden modificar la dinámica grupal y propongo estrategias para mejorarla.	●	●	●	●
Distingo los diferentes roles dentro de un equipo de trabajo y su impacto en el funcionamiento del grupo.	●	●	●	●
Diferencio las ventajas del trabajo en equipo frente al trabajo individual.	●	●	●	●

2. Aplicación de técnicas de trabajo en grupo

Ítem	4	3	2	1
Selecciono y aplico técnicas para mejorar el trabajo en grupo según la situación y los objetivos.	●	●	●	●
Promuevo un ambiente colaborativo y dinámico en los grupos en los que participo.	●	●	●	●
Utilizo estrategias de trabajo cooperativo para mejorar la eficiencia del grupo.	●	●	●	●
Planifico y organizo el reparto de tareas de manera equitativa en el grupo.	●	●	●	●

3. Comunicación y relación interpersonal en el grupo

Ítem	4	3	2	1
Identifico y supero barreras en la comunicación grupal.	●	●	◎	●
Expreso mis ideas de forma clara y respeto los turnos de palabra en el equipo.	●	●	◎	●
Escucho activamente a mis compañeros/as y valoro sus aportaciones.	●	●	◎	●
Fomento un clima de confianza en el grupo y ayudo a motivar a mis compañeros/as.	●	●	◎	●

4. Respeto a las diferencias individuales y trabajo en equipo

Ítem	4	3	2	1
Valoro y respeto las diferencias individuales dentro del equipo.	●	●	◎	●
Promuevo la empatía y la actitud tolerante dentro del grupo.	●	●	◎	●
Gestiono los conflictos en el grupo de manera asertiva y constructiva.	●	●	◎	●

Escala de Puntuación

Nivel excelente (40 - 48 puntos). El estudiante ha demostrado una gran capacidad para aplicar técnicas de trabajo en grupo, comunicarse eficazmente y fomentar un ambiente inclusivo. Gran nivel de compromiso.

Buen nivel, pero con margen de mejora (30 - 39 puntos). El estudiante muestra un dominio adecuado de los conceptos y habilidades, aunque hay aspectos en los que podría seguir mejorando. *Identificar los ítems donde ha obtenido menor puntuación y fortalecerlos.*

Nivel básico, necesita refuerzo (20 - 29 puntos). El estudiante necesita consolidar algunos conocimientos y estrategias en la aplicación de técnicas de trabajo en grupo. *Revisar los aspectos en los que se ha obtenido puntuaciones bajas e intentar ponerlos en práctica en futuras dinámicas grupales.*

Necesita mejorar considerablemente (menos de 20 puntos). Al estudiante le ha costado aplicar los aprendizajes adquiridos. *Debe reflexionar sobre las dificultades que ha encontrado y solicitar apoyo para mejorar su desempeño en el trabajo grupal.*

Reflexión cualitativa final sobre la autoevaluación

1. ¿Cuál ha sido tu mayor aprendizaje en esta secuencia didáctica?
2. ¿En qué aspectos consideras que has mejorado más?
3. ¿Qué aspectos te gustaría seguir reforzando o aprendiendo?
4. ¿Cómo aplicarías lo aprendido en tu futura práctica profesional?

Anexo 20

Coevaluación del trabajo en equipo ejercido en el desarrollo de la secuencia didáctica.

Nombre del estudiante: _____

Fecha: _____

Puntuación total: ____ /32 [8 (*criterios*)×4 (*puntos máximos por acierto*) =32 *puntos máx.*]

Instrucciones: Lee indicador y evalúa a **cada miembro de tu equipo** (sin incluirte a ti mismo/a) en relación con los aspectos que se detallan a continuación. Sé objetivo/a y justo/a en tu valoración. Al finalizar, responde las preguntas de reflexión.

● **4. Excelente** (Siempre lo hace de manera destacada)

● **3. Bueno** (lo hace con frecuencia y de forma adecuada)

● **2. Aceptable** (lo hace a veces, pero con dificultades)

● **1. Necesita mejorar** (lo hace pocas veces o no lo hace)

Criterios para evaluar a los integrantes del equipo de trabajo	Compañero/a 1	Compañero/a 2	Compañero/a 3	Compañero/a 4
1. Participación activa Contribuye con ideas y se implica en las tareas del grupo.	●●●●	●●●●	●●●●	●●●●
2. Responsabilidad y compromiso Cumple con sus tareas en tiempo y forma.	●●●●	●●●●	●●●●	●●●●
3. Cooperación y apoyo al equipo Ayuda a los demás y respeta las opiniones del grupo.	●●●●	●●●●	●●●●	●●●●
4. Comunicación efectiva Expresa sus ideas con claridad y escucha a los demás.	●●●●	●●●●	●●●●	●●●●
5. Gestión de conflictos Afronta desacuerdos de manera respetuosa y busca soluciones.	●●●●	●●●●	●●●●	●●●●
6. Adaptabilidad y flexibilidad Se ajusta a las necesidades del equipo y acepta sugerencias.	●●●●	●●●●	●●●●	●●●●

Criterios para evaluar a los integrantes del equipo de trabajo	Compañero/a 1	Compañero/a 2	Compañero/a 3	Compañero/a 4
7. Motivación y actitud positiva Anima al equipo y mantiene una actitud constructiva.	⬤◉◎⬤	⬤◉◎⬤	⬤◉◎⬤	⬤◉◎⬤
8. Respeto a las diferencias individuales	⬤◉◎⬤	⬤◉◎⬤	⬤◉◎⬤	⬤◉◎⬤

Interpretación de la puntuación

Suma total de cada compañero/a:

- Compañero/a 1: _____ / 32
- Compañero/a 2: _____ / 32
- Compañero/a 3: _____ / 32
- Compañero/a 4: _____ / 32

Escala de Puntuación

Nivel excelente (28 - 32 puntos). El estudiante ha demostrado un excelente trabajo en equipo.

Buen nivel, pero con margen de mejora (22 - 27 puntos). El estudiante muestra un buen desempeño, pero debe mejorar algunos aspectos.

Nivel básico, necesita refuerzo (15 - 21 puntos). El estudiante muestra un desempeño aceptable, pero con áreas de mejora importantes.

Necesita mejorar considerablemente (menos de 15 puntos). El estudiante necesita mejorar considerablemente su implicación en el equipo.

Reflexión cualitativa final sobre la coevaluación

1. ¿Qué aspectos destacarías del trabajo en equipo de tus compañeros/as?

2. ¿En qué aspectos crees que el equipo en general podría mejorar?

3. ¿Qué aprendizajes sobre el trabajo en equipo te llevas de esta experiencia?

CAPÍTULO 7
Fase de investigación

Datos y Resultados: Evaluando la Situación de Aprendizaje

Con intención de complementar la propuesta de las situaciones de aprendizaje presentadas en el capítulo anterior, se ha considerado oportuno recoger mediante instrumentos adecuados una serie de datos que permitan establecer una valoración rigurosa sobre la implementación de una de las situaciones de aprendizaje anteriores. En este caso, se presentan los resultados de la investigación realizada tras la implementación de la situación de aprendizaje titulada "Más Allá del Espejo: Explorando la Desigualdad para Proyectar la Igualdad". Esta propuesta se desarrolló con el alumnado del primer curso de Formación Profesional de Grado Superior en el título de Especialista en Integración Social, específicamente en el módulo de Metodología de la Intervención Social.

Objetivos de la investigación en formación profesional:

1. Valorar las unidades de aprendizaje integradas y en función de los aprendizajes (centrado en el aprendizaje y alineado) como instrumento de articulación del curriculum.

    1.1 Indagar y sistematizar la valoración que hacen los alumnos sobre las unidades de aprendizaje integradas cuando estas son el sistema de desarrollo del curriculum de aula en el que participan como estudiantes.

    1.2. Indagar y sistematizar las valoraciones que realizan los profesores sobre las unidades de aprendizaje integradas como medio de desarrollo curricular.

    1.2.Analizar si existe correlación entre el empleo de las unidades de aprendizaje como sistema de desarrollo curricular y las variables: sexo y rendimiento académico.

Diseño de la investigación

El diseño de la investigación será cuasi experimental y consistirá en un estudio descriptivo Ex Post Facto ya que no se modifica el fenómeno o situación objeto de análisis (Bernardo y Caldero, 2000), Esto es así porque la implementación se realizó en el desarrollo ordinario del curso académico, en concreto durante el primer cuatrimestre del curso, y se valoró la intervención una vez realizada.

Además, el estudio tiene un carácter correlacional porque se han asociado las variables de sexo y nota obtenida en el curso anterior, a las calificaciones alcanzadas en el módulo en relación con la situación de aprendizaje.

Metodología

La metodología empleada fue mixta, combinando enfoques cuantitativos y cualitativos para enriquecer y complementar el análisis del fenómeno en estudio, en relación con los objetivos generales y específicos planteados. El enfoque cuantitativo se llevó a cabo mediante la aplicación de un cuestionario al alumnado, mientras que el enfoque cualitativo se desarrolló a través de la observación participante por parte del profesorado y de preguntas abiertas dirigidas tanto al profesorado como al alumnado, aprovechando el mismo cuestionario.

La situación de aprendizaje se llevó a cabo dentro del módulo metodología de la intervención social conforme Decreto 29/2017, de 3 de marzo, del Consell, por el que se establece el currículo del ciclo formativo de grado superior correspondiente al título de Técnico/a Superior en Integración Social.

Muestra

La muestra ha sido no probabilística y se identifica, prácticamente, con la población, ya que las valoraciones de la situación de aprendizaje, se ha realizado por parte de todo el alumnado y el profesorado. La muestra utilizada para el pase de cuestionario está compuesta por 19 alumnos, 2 hombres (10,52%) y 17 mujeres (89,47%). Ha sido una profesora la responsable de la implementación de la situación de aprendizaje y la que han realizado la observación participante.

Instrumentos y análisis estadísticos

El instrumento diseñado fue sometido a un riguroso proceso de validación que incluyó varias etapas metodológicas. En primer lugar, se utilizó el método Delphi, con la participación de un grupo de expertos que evaluaron la pertinencia y claridad de los ítems, alcanzando un consenso sobre su adecuación al objetivo del estudio. Posteriormente, se calculó el coeficiente Alfa de Cronbach, obteniendo valores que reflejan una alta consistencia interna del test.

El cuestionario consta de 32 ítems que se responden en una escala de Likert con 5 opciones: 1 (Muy en desacuerdo), 2 (En desacuerdo), 3 (Neutro), 4 (De acuerdo) y 5 (Muy de acuerdo). Este instrumento quedó validado al presentar una adecuada consistencia interna ($\alpha = 0{,}78$), lo que asegura su fiabilidad y precisión en la medición. También ha sido validado por un grupo de expertos, compuesto por profesores que imparten formación profesional y profesores universitarios.

Además, se añadieron preguntas abiertas de carácter cualitativo al final del cuestionario, que, junto con la observación participante realizada por el profesorado, permiten explicar y comprender de manera más profunda la realidad objeto de estudio. La observación participante se llevó a cabo mediante una guía estructurada que abarca las seis dimensiones analizadas, asegurando un enfoque riguroso en el análisis. En conclusión, cuestionario muestra una buena consistencia en general, lo cual es un indicador positivo de la confiabilidad del instrumento que se ha utilizado.

En la parte descriptiva, se calcularon las medidas de tendencia central y su variabilidad, comparando los resultados según las opiniones registradas por el alumno, así como en función de las variables de sexo, nota media del expediente académico y la obtenida tras la implementación de la situación de aprendizaje.

Para examinar las respuestas del alumnado al cuestionario de la situación de aprendizaje en función del sexo y la nota de la asignatura la última vez que se cursó, se utilizó la prueba de Kruskal-Wallis, puesto que los datos no se distribuyen de forma normal. Mientras que el análisis correlacional entre la nota media del expediente académico, las respuestas por ítems y la nota obtenida en la asignatura, se realizó través de la prueba de Kendall's Tau B.

El procesamiento de estos datos se llevó a cabo utilizando el software Jamovi, versión 2.3.28.0 (The Jamovi Project, 2022). En cuanto al análisis cualitativo, se siguieron las secuencias metodológicas propuestas por Taylor y Bogdan (1990) para identificar los temas relacionados con las diferentes dimensiones del objeto de estudio.

Resultados obtenidos

Análisis descriptivo de la valoración del alumnado sobre la situación de aprendizaje

Los resultados obtenidos del análisis realizado un análisis descriptivo, se ha observado que la media, mediana y moda tienen medias cercanas al valor de la mediana, sugiriendo una posible simetría en los datos. Con respecto a la Desviación estándar, observamos que algunas muestras tienen una dispersión mayor, como el ítem 2 (SD = 1.0029), mientras que otras muestran menor dispersión, como el ítem 23 (SD = 0.5620). Sin embargo, en todas las muestras, los valores están entre 2 y 5. El gráfico de puntos que se muestra a continuación permite visualizar estos resultados.

En la figura que se presenta a continuación se observa el porcentaje de frecuencias por sexo.

Figura 1. *Porcentaje de frecuencias por sexo*

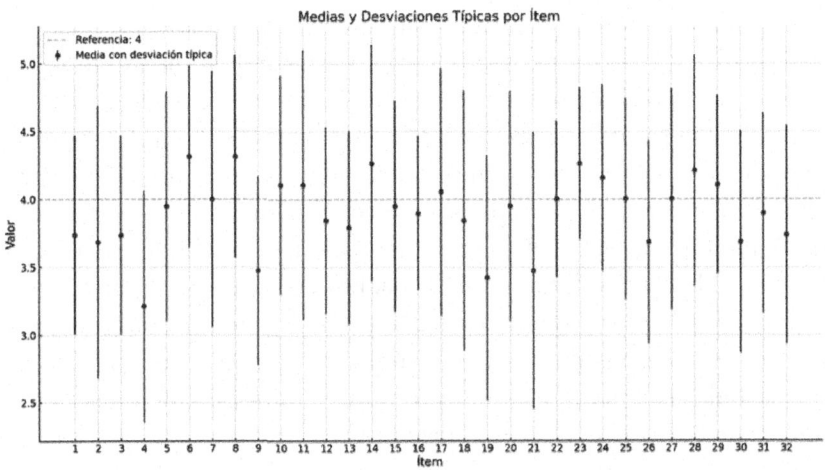

El análisis de las respuestas al cuestionario revela que la mayoría de los ítems presentan medias cercanas al valor de 4, lo que indica que los participantes tienden a responder en un rango alto de la escala, reflejando valoraciones generalmente positivas. Sin embargo, algunos ítems, como el 4 y el 19, destacan por tener medias más bajas (3.2 y 3.4, respectivamente). En términos de variabilidad, los ítems con desviaciones típicas más bajas, como el 22 y el 23 (0.56), reflejan una mayor consistencia en las respuestas, con menor dispersión entre los participantes. Por el contrario, ítems como el 2 (1.00) y el 21 (1.02) presentan desviaciones típicas iguales o superiores a 1, lo que sugiere una mayor variabilidad en las opiniones, posiblemente debido a interpretaciones divergentes o percepciones más polarizadas. En general, las medias están concentradas alrededor del valor de referencia de 4, lo que refuerza la tendencia de los participantes a valorar positivamente los ítems planteados.

Entre los ítems destacados, el ítem 14 muestra una media más alta (4.26) y una baja variabilidad, lo que indica un alto nivel de acuerdo y consenso. Por otro lado, los **ítems 4 y 19 podrían beneficiarse de un análisis cualitativo adicional** para comprender mejor las razones detrás de sus medias más bajas, ya que estas se alejan del patrón general observado.

Si analizamos más detalladamente algunas de las respuestas que han resultado más significativas como por ejemplo la pregunta 14 "Lo que hemos aprendido sobre valores y actitudes creo que me va a servir para mi vida personal", observamos que la distribución de frecuencias para dicha pregunta revela un sesgo claro hacia las puntuaciones más altas. La mayoría de las respuestas se concentran en el valor 5, con 10 participantes (52.63 %) eligiendo esta opción, lo que indica una fuerte tendencia hacia la valoración máxima. El valor 4 es seleccionado por 4 participantes (21.05 %), mientras que el valor 3 cuenta con 5 respuestas (26.32 %). Estas puntuaciones muestran que más del 73 % de los encuestados evaluaron este ítem con una puntuación de 4 o superior, lo que sugiere una percepción mayoritariamente positiva. Este patrón, además, presenta una distribución acumulativa que alcanza el 100 % en el valor máximo, reflejando una clara preferencia en las respuestas.

La distribución de frecuencias para la pregunta 16 "Pienso que he trabajado mucho en clase, pero ha merecido la pena porque soy consciente de que he aprendido también mucho", muestra una clara concentración en la puntuación de 4, elegida por 13 participantes (68.42 %), lo que representa la mayoría absoluta de las respuestas. El valor 3 fue seleccionado por 4 participantes (21.05 %), mientras que el valor máximo, 5, solo fue elegido por 2 participantes (10.53 %). Esta tendencia sugiere que los encuestados valoran mayoritariamente este ítem de manera positiva. Con un 89.47 % de las respuestas acumuladas entre las puntuaciones 4 y 5, se evidencia una percepción consistente y positiva hacia las preguntas del cuestionario.

Tabla 1. *Análisis bivariado de grupos independientes y correlacional*

Frecuencias de la Nota del curso pasado			
Media del curso pasado	Frecuencia	% del Total	% Acumulado
5	1	9.09 %	9.09 %
6	3	27.27 %	36.36 %
7	5	45.45 %	81.82 %
8	1	9.09 %	90.91 %
9	1	9.09 %	100.00 %

La distribución de los datos según el sexo muestra una marcada mayoría de mujeres en la muestra analizada, representando el 89.47 % del total, mientras que los hombres constituyen solo el 10.53 %. Esta diferencia podría reflejar características específicas del contexto de la población estudiada, como una mayor representación femenina en el ámbito académico o en el área de estudio abordada. La alta participación de mujeres también destaca la necesidad de considerar cómo esta dinámica afecta la implementación y evaluación de la metodología empleada en el aula.

En la tabla que se presenta a continuación se observa el porcentaje de frecuencias por sexo.

Tabla 2. *Índice de coincidencias por sexo*

Sexo	Frecuencia	% del Total	% Acumulado
Hombre	2	10.53%	10.53%
Mujer	17	89.47%	100.00%

Cuando tocaba en el horario trabajar la situación de aprendizaje me sentía más motivado que en el resto de las asignaturas en las que no empleamos esta forma de trabajo): (p = 0.0174), (epsilon^2 = 0.3141) y en la pregunta 18 "Creo que he aprendido mediante la situación de aprendizaje más y mejor que cuando en clase solo escucho al profesor", (p = 0.0498), (epsilon$_2$ = 0.2137). Existe por tanto una tendencia en las respuestas entre sexos, con un tamaño de efecto grande (>0.14). Esto indica que el género explica una proporción sustancial de la variación en las respuestas.

El análisis de Kruskal-Wallis revela una variabilidad considerable en la relación entre las preguntas y el rendimiento académico de los estudiantes. Si bien algunas preguntas muestran una tendencia con las notas obtenidas, otras parecen tener un menor impacto. El análisis de correlación de los resultados, aplicado tras la implementación de la situación de aprendizaje, revela patrones interesantes en la adquisición de conocimientos por parte de los estudiantes. Se identificaron grupos de preguntas que evaluaban conceptos estrechamente relacionados, sugiriendo que la metodología ha sido efectiva en fomentar una comprensión integral de estos temas. Las preguntas 1, 4 y 16, que exploran aspectos de motivación hacia las tareas encomendadas, mostraron una fuerte correlación positiva. Estos hallazgos sugieren que la implantación de la situación de aprendizaje ha contribuido a establecer conexiones significativas entre los diferentes aspectos del contenido.

La distribución de las notas del curso pasado muestra una tendencia positiva en el rendimiento académico, con un 45.45 % de los estudiantes alcanzando una calificación de 7. Este resultado representa una mejora significativa en comparación con el curso anterior, donde solo el 30 % de los estudiantes obtuvo esta calificación. Además, un 9.09 % logró las calificaciones más altas (8 y 9), lo que evidencia un avance hacia la excelencia académica. Aunque persiste un grupo de estudiantes con notas de 5 y 6 (36.36 % en conjunto), este porcentaje ha disminuido notablemente respecto al curso anterior, donde representaban el 50 % de los estudiantes.

En cuanto al análisis de correlación entre las notas y las respuestas, no se encontraron relaciones significativas en la mayoría de los ítems. Sin embargo, en los ítems 16, 26 y 31 se observó una leve tendencia. Estos resultados sugieren que, aunque existen algunas tendencias leves, no hay una relación fuerte entre las respuestas y las calificaciones finales.

Análisis cualitativo

A través de las percepciones expresadas por los 19 alumnos, se observa que la aplicación del resultado de aprendizaje ha generado un impacto significativo en su formación y en su visión sobre la perspectiva de género en la elaboración de los proyectos de intervención social, relacionando las estrategias y criterios utilizados con el marco teórico y legal vigente. El alumnado expresa que la experiencia les ha permitido ""aprender algo nuevo" y adquirir "un nuevo punto de vista", lo que evidencia un enriquecimiento en su comprensión del tema. Además, valoran positivamente el "fomento de la participación" y la amplitud del enfoque, que les ha ayudado a "entender mejor" la problemática y a disponer de "herramientas" para abordarla.

Además, destacan que la combinación de "muchas dinámicas", "actividades interesantes" y "libertad de expresión" han sido clave para mantener su interés y motivación en las sesiones de aula. También resaltan que las "explicaciones claras" y el "material accesible" facilitaron su comprensión, mientras que la conexión de los contenidos con la "realidad social" y la "perspectiva de género" les permitió profundizar en aspectos como la violencia de género y sus diferentes manifestaciones. Asimismo, subrayan que esta metodología les permitió "aprender sin darte cuenta". En conjunto, las percepciones del alumnado reflejan que la impartir este módulo utilizando esta experiencia de aprendizaje no solo ha contribuido a su formación académica, sino también a su desarrollo personal y profesional, fomentando una mirada crítica y comprometida hacia la igualdad de género.